LEDERER + RAGNARSDÓTTIR + OEI

FALK JAEGER

JOVIS

PORTFOLIO

LEDERER + RAGNARSDÓTTIR + OEI

FALK JAEGER

JOVIS

© 2007 by jovis Verlag GmbH I Das Copyright für die Texte liegt bei den Autoren. Das Copyright
für die Abbildungen liegt bei den Fotografen/Inhabern der Bildrechte. Texts by kind permission of
the authors. Pictures by kind permission of the photographers/holders of the picture rights. Die
Gesamtreihe Portfolio wird herausgegeben von Falk Jaeger The series Portfolio is edited by Falk
Jaeger I Fotos Photographs: Zooey Braun, Stuttgart: 21 (M., r.) 114–120, 122 (o.), 123 I Gert Els-
ner, Stuttgart: 20 (l.), 82, 84 (r.), 85 I Brigida Gonzales, Stuttgart: 134–144 I Roland Halbe, Stuttgart:
Cover, 18, 19, 20 (M. l., M. r., r.), 21 (l., M.), 27–35, 39 (u.), 41–67, 68 (o.), 69 (o.), 71–81, 84 (l., M.),
87–97, 104, 106 (o. l., o. M.), 107 (o. M., o. r.) 108–111, 112 (o.), 113, 129–133 I Dieter Leistner,
Mainz: 124–127 I Johannes Marburg, Berlin: 68 (u.), 69 (u.) I Ralph Richter, Düsseldorf: 37, 38 (o.),
39 (o.), 40 I Manfred Storck, Stuttgart: 101–103 I Lederer+Ragnarsdóttir+Oei, Stuttgart: 10–15, 98,
99, 106 (o. r., u.), 107 (u.), 112 (u.), 122 (u.), alle Pläne all plans I Alle Rechte vorbehalten. All rights
reserved. I Übersetzung Translation: Rachel Hill, Berlin I Gestaltung und Satz Design and setting:
Susanne Rösler, Berlin I Lithografie Lithography: Bild1Druck, Berlin I Druck und Bindung Printing
and binding: GCC Grafisches Centrum Cuno, Calbe I Bibliografische Information der Deutschen
Bibliothek Bibliographic information published by Die Deutsche Bibliothek Die Deutsche Bibliothek
verzeichnet diese Publikation in der Deutschen Nationalbibliografie; detaillierte bibliografische Da-
ten sind im Internet über http://dnb.ddb.de abrufbar. Die Deutsche Bibliothek lists this publication
in the Deutsche Nationalbibliografie; detailed bibliographic data are available in the Internet at
http://dnb.ddb.de
jovis Verlag I Kurfürstenstraße 15/16 I 10785 Berlin I www.jovis.de I ISBN 978-3-939633-56-3

INHALT CONTENT

VORWORT
FOREWORD

Es ist die Abstraktion, die die modernen Architekten seit Male-witsch und Mondrian, seit Mies und Oud fasziniert, die der reinen, kristallinen Körper, die Le Corbusier als Idealvorstellung im harten Licht des Südens sah. Seitdem gibt es aber auch, architekturpsy-chologisch betrachtet, die latente Gefahr emotionaler Defizite, die mit der reinen, abstrakten Bauästhetik einhergeht. Wenn auch Wil-helm Worringer in seiner 1907 verfassten Dissertation *Abstraktion und Einfühlung* die Moderne noch nicht in seine neue Sicht der his-torischen Kunstentwicklung einbinden konnte – Abstraktion ist für ihn Merkmal der „niederen Kunstepochen" vor der Renaissance – so griffen Künstler wie Kandinsky Worringers stilpsychologische Definition der Epochenabfolge als Theoriegebäude rasch auf. In der Konsequenz daraus ließ sich die bipolare Betrachtungsweise „Abstraktion – Einfühlung" auch auf die zeitgenössische Architek-tur anwenden – und dies bis heute. Das Gegensatzpaar beschreibt jedoch auch eine unterschiedliche Parteinahme, es entspricht Kon-zeption versus Rezeption, es differenziert die Verhältnisse aus der Sicht des Künstlers und des Rezipienten, im Fall der Architektur die des Architekten und des Nutzers, Bewohners. Bauen ist nicht nur Maß und Zahl, Fläche und Proportion, Bauen ist das Schaffen von Räumen, gestimmten Räumen, anmutigen oder erhabenen, intimen, bergenden, oder befreienden, offenen. Und Bauen befrie-digt Bedürfnisse aller Sinne, der Optik, aber auch der Haptik, der Akustik, der Olfaktorik.

Worringers Einfühlung ist eine psychologische Kategorie, sie wirkt unmittelbar auf Gemüt und Seele. Diese nicht von vielen zeitge-nössischen Architekten berücksichtigte Erkenntnis gehört zu den Grundsätzen der Architekten Lederer + Ragnarsdóttir + Oei. Ihre Bauten sprechen die Empfindungen der Menschen an, sie sind aus der Sicht des Nutzers und in seinem Interesse entwickelt. Lede-rer + Ragnarsdóttir + Oei bauen für den Menschen. Diesen gerade-zu als Plattitüde empfundenen Kernsatz, den nahezu jeder Architekt mit größter Selbstverständlichkeit für sich in Anspruch nimmt, kann man gleichwohl nur für wenige Vertreter dieses Standes uneinge-schränkt gelten lassen.

Modern architects since Malewitsch and Mondrian, since Mies and Oud, have always been fascinated by abstraction, by the pure crys-talline volumes that Le Corbusier imagined in the hard light of the South. From an architectural psychological point of view, a potential danger of emotional deficit has always been associated with ab-stract building aesthetics since that time. Although in his disserta-tion *Abstraction and Empathy*, written in 1907, Wilhelm Worringer was not able to incorporate Modernism into his new take on the historical development of art—he considers abstraction character-istic of the "lower artistic eras" before the Renaissance – artists like Kandinsky did quickly take up on Worringer's style-psychologi-cal definition of era chronology. One consequence was that a bipo-lar "abstraction-empathy" approach could also be taken towards architecture – a trend that has continued until today. This pair of opposites corresponds to a further concurrence: conception ver-sus reception. It differentiates the points of view of the artist and the recipient and, in the case of architecture, of the architect and the client or resident. Building is not just about measurements and numbers, areas and proportion; building is the creation of spaces, attuned spaces, gracious or sublime, intimate, protective or liberat-ing, open. Building satisfies all of the senses; visual, haptic, acous-tic, olfactoric.

Worringer's empathy is a psychological category; it operates direct-ly on the mind and soul. This insight, often ignored by contemporary architects, is one of the basic principles applied by the architects Lederer + Ragnarsdóttir + Oei. Their buildings appeal to human sen-sibilities and they are developed from the point of view of the client and in the interests of the user. Lederer + Ragnarsdóttir + Oei build for people. This seemingly trivial core statement, which is used by most architects as a matter of course, can only really be accepted as an absolute truth from the minority of those who utter it.

Lederer + Ragnarsdóttir + Oei do not build in a conforming nor popu-list manner, yet the dedication which these architects have for their projects is felt by all and, after initial irritation, leads to widespread acknowledgement of each and every one of their buildings. Al-

Lederer + Ragnarsdóttir + Oei bauen nicht anpasslerisch, nicht populistisch, doch die für jedermann deutlich spürbare Zuwendung der Architekten führt nach anfänglichen Irritationen zu einer wachsenden Akzeptanz jedes einzelnen ihrer Bauten. Auch wenn historische Zitate derzeit gern gesehen werden, auch wenn Architekturmoden kommen und gehen und der Bilbao-Effekt Konjunktur hat, Lederer + Ragnarsdóttir + Oei fühlen sich der Modernität verpflichtet, freilich nicht einer dogmatischen, allzu seriösen, sondern vielmehr einer atmosphärisch aufgeladenen. Immer wieder verblüffen sie mit narrativen Elementen, mit denen sie den Erwartungen des Konventionellen entgegentreten.

„Es gibt wohl kein architektonisches Gebilde, dem nicht eine Seele eingehaucht werden könnte", formulierte Hermann Sörgel. Ein Anliegen, das auch für Lederer + Ragnarsdóttir + Oei wichtig ist. In diesem Zusammenhang sind ihnen auch die Begriffe der Schönheit, wie sie Kant definierte, die „interesselos gefällt" und des Erhabenen, „das unser Gemüth ergreift", nicht fremd. So wecken sie mit jedem Bau neue Empfindungen und erzählen mit jedem Haus eine neue Geschichte.

Es gibt Architekten, auch namhafte, angesehene, bei denen der Besuch von zwei, drei Bauten genügt, um ihre Architektur kennenzulernen. Es gibt andere, deren Werke lassen sich sogar weitestgehend im Rahmen von Publikationen, Foto- und Plandokumentationen vermitteln. Bei Lederer + Ragnarsdóttir + Oei ist es ein Versäumnis, wenn man eines ihrer Häuser nicht selbst gesehen hat. Denn die Qualitäten jedes ihrer Bauten sind individuell, sie können und sollen am Ort erfahren, erspürt, erlebt werden.

So stößt auch dieses JOVIS Portfolio an seine Grenzen, wenn es darum geht, die Architektur von Lederer + Ragnarsdóttir + Oei mit all ihren Qualitäten und in all ihrer Vielschichtigkeit zu präsentieren. Es kann nur Anregung sein, die Bauten aufzusuchen und sich einzufühlen, das Hell und Dunkel, das Eng und Weit, das Drinnen und Draußen mit allen Sinnen zu erfassen – zu erleben.

though historical reference buildings are popular at the moment, although fashions in architecture come and go, although the Bilbao effect is lucrative, Lederer + Ragnarsdóttir + Oei still feel committed to Modernism; atmospherically charged rather than dogmatic and serious. Their creations of narrative elements cross the bounds of conventional expectation and manage to cause consternation time and time again. Hermann Sörgel once said, "There does not exist an architectural entity that cannot be accorded soul", a fact that is greatly important to Lederer + Ragnarsdóttir + Oei. They are familiar with such terms as beauty that "indifferently pleases" and sublimeness that, "captures our soul" as defined by Kant. Each of their buildings awakens new sensations and every house has its own story to tell.

In order to get to know the architecture designed by some architects, including renowned ones, visits to two or three buildings usually suffice. Some architects' works can be communicated to a great extent through publications, photography and plans. It is a waste not to see the buildings designed by Lederer + Ragnarsdóttir + Oei. Each of their buildings has its own individual qualities which can and should be experienced in person.

Even this JOVIS Portfolio is limited when it comes to presenting the architecture of Lederer + Ragnarsdóttir + Oei with all its qualities and in all its complexity. It can only serve as a stimulus to visit their buildings and feel the light and dark, the narrow and open, the inside and outside, with all of the senses – to experience them.

DER MODERNE DIE LEICHENBLÄSSE AUSTREIBEN
DRIVING THE DEATHLY PALLOR OUT OF MODERNISM

Wie fast alle Architekten heute befällt auch Arno Lederer, Jórunn Ragnarsdóttir und Marc Oei ein Unbehagen, wenn sie nach ihrer formalen, stilistischen Orientierung gefragt werden. Die Arbeit an und mit einem Stil ist nicht zeitgemäß, allen Stilzuweisungen durch die Architekturkritiker und -theoretiker zum Trotz. „Die Dinge entwickeln sich aus der Aufgabe heraus, von selbst", ist ihr Credo.

Das in den zwanziger Jahren von den Protagonisten des Funktionalismus beschworene Ideal von der voraussetzungslosen, nur aus der Aufgabe und der Funktion heraus entwickelten Form spukt noch in vielen Köpfen. Auch wenn Philip Johnson und Henry Russell Hitchcock schon 1932 den „Internationalen Stil" ausrufen konnten, auch wenn selbst der „Bauhausstil" – ursprünglich als Widerspruch in sich abgetan, weil das Bauhaus angetreten war, sich von allen Stilen zu befreien – ein inzwischen sanktionierter und wissenschaftlich fundiert abgesegneter Begriff ist. Architektonische Form, auch funktionalistische oder rationalistische, kann wohl doch nicht vorbildlos und jedes Mal anders und immer neu generiert werden. Lederer+Ragnarsdóttir+Oei sind sich dessen bewusst. Ihre Architektur selbst ist dafür ein Beleg, kann doch von Grundzügen eines Individualstils gesprochen werden, jedenfalls von einer Architektursprache, die von durchaus individuellem Charakter geprägt ist.

Das Erstlingswerk von Arno Lederer, der damals noch eine Partnerschaft mit Burkhard Sambeth erprobte, steht in Aichschieß bei Stuttgart. Das 1981 in Anklang an die Bauernhäuser der Umgebung in Holzfachwerk-Mauerwerk-Mischbauweise konstruierte Einfamilienhaus ist in seiner Konzeption und Gestaltung heute noch von erstaunlicher Aktualität. Einzig die diagonalen Geländersprossen verraten den Zeitbezug. Die Grundrisse würde man heute kaum anders organisieren. Holzbau spielt allerdings bei Lederer+Ragnarsdóttir+Oei seit dieser Zeit nur eine untergeordnete Rolle. 1983 erhielt Lederer die passende Aufgabe zum richtigen Zeitpunkt: die Sanierung des Söllerhauses Riezlern der Universität Stuttgart im Kleinen Walsertal. 1956 war es als Ferien- und Ausbildungsstätte der RWTH Aachen erbaut worden. Lederer krempelte das Haus mit Matratzenlagercharme völlig um und passte es den neuen Anforderungen an Komfort und Standard an. Er blies frischen Wind in die Stuben und genehmigte sich in der Kellerbar sogar ein wenig Design. Die von einigen Beteiligten gewünschte Allgäuer Heimeligkeit war jedenfalls von Lederer nicht zu haben. Manches Ansinnen in diese Richtung hat er mit Verweis auf das überaus knappe Budget abwehren können.

Schon in Partnerschaft mit Jórunn Ragnarsdóttir entstanden dann 1986 bis 1995 in Stuttgart die Einfamilienhäuser Mercy, Zeller, Baur und Klett sowie 1994 das eigene Wohnhaus und Architekturbüro Haus Buben in Karlsruhe. Die Häuser in Stuttgart sind mit Fug und Recht als klassischmodern zu charakterisieren und zitieren mal Loos, mal Le Corbusier. Darin auch ein von Ernst Gisel übernommenes Lieblingsmotiv, das im späteren Werk immer wieder auftauchen wird, das einseitig abgerundete Treppenhaus, hier im Inneren des Grundrisses, später häufig als ausgreifender oder zylindrischer Treppenturm ausgebildet, der in der Fassade einen kraftvollen Akzent setzt. Die architektonischen Motive in Lederers Anfangsjahren gehen deutlich auf Ernst Gisel zurück, in dessen

Like many architects these days, Arno Lederer, Jórunn Ragnarsdóttir and Marc Oei are not too comfortable about answering questions on the orientation of their formal style. Working on and with one style now no longer really exists, despite architectural critics' and theorists' allocations of style. The architects' motto is, "When you work on a commission things start to develop of their own accord."

An ideal, context-free form that evolves only from task and function, as conjured up by the protagonists of functionalism in the 1920s, still floats around in many minds. Philip Johnson and Henry Russell Hitchcock declared the existence of an "International Style" in 1932 and the Bauhaus style – originally dismissed as a contradiction because Bauhaus had emerged in order to free itself of all style – has since become a generally accepted, scientifically proven term. Architectural form, whether it be functionalistic or rationalistic, cannot be generated anew each time and without any reference points. Lederer+Ragnarsdóttir+Oei are aware of that; their architecture provides proof of such, while still being individual in style and speaking a unique architectural language.

Arno Lederer's first project, built during his partnership with Burkhard Sambeth, is located in Aichschieß near Stuttgart. The single family house, built in 1981 in timber framework-brick combination style to echo the style of the neighbouring farmhouses, is still incredibly up-to-date in concept and design; diagonal railings are the only elements which give away its age. Its ground plan is organised in the same manner as it would have been today. However, one difference in the work of Lederer+Ragnarsdóttir+Oei is that they now work less with wood construction that they did at that time.

In 1983 Lederer received exactly the right commission at the right time; to renovate the Söllerhaus alpine boarding house in Riezlern, Austria, belonging to the University of Stuttgart. The RWTH University in Aachen had built it in 1956 as a holiday and educational facility. Lederer turned the building, of dormitory charm, inside-out and adapted it to new levels of standard and comfort. He transformed the sleeping quarters and even granted the cellar bar a touch of design. The Allgau homeliness desired by some of those involved was certainly not to be had from Lederer. He was always able to fob off requests in that direction by referring to his extremely tight budget.

While already in partnership with Jórunn Ragnarsdóttir, he built the Mercy, Zeller, Baur and Klett single family houses between 1986 and 1995, as well as the architects' own home and architectural practice House Buben in Karlsruhe in 1994. The houses may justifiably be labelled classical-modernist, sometimes citing Loos and sometimes Le Corbusier. A unilaterally rounded staircase became a favourite motif of the architects. It was adopted from Ernst Gisel and featured on the inside of their first houses and in their later works as jutting or cylindrical stairwell towers, lending a powerful accent to their façades. The architectural motifs used in Lederer's early years can be clearly traced back to Ernst Gisel, in whose Zurich practice he worked when he completed his studies in 1977 and where he claims to have learned more than during his whole university studies. In 1983, as luck would have it, Arno Lederer won a competition to restructure the centre of Fellbach –

Zürcher Büro er 1977 nach dem Studium gearbeitet hatte und wo er nach eigenem Bekunden mehr gelernt hat als während seines gesamten Studiums. Der Zufall wollte es, dass Arno Lederer 1983 den Wettbewerb für die Stadtmitte Fellbach – ein Weinbaustädtchen nördlich von Stuttgart – gewann, just in Sichtweite des Rathauses, an dem er in Gisels Büro mitgezeichnet hatte.

Am Wettbewerbsentwurf hatte die junge isländische Diplomingenieurin Jórunn Ragnarsdóttir maßgeblich Anteil. Die Zusammenarbeit bewährte sich nicht nur auf fachlich-inhaltlichem Gebiet, sie mündete 1985 sowohl in eine Büro- als auch in eine Lebensgemeinschaft. Als erstes wirklich um-

wirtschaftlichen Verhältnissen und Verwertungsmechanismen in die zweite Reihe in den Hof verbannt wurde, als öffentliche Funktion dennoch hervorgehoben werden sollte, griffen die Architekten zu postmodernen Mitteln. Mit Formen und Farben, die über das klassische Repertoire hinausgehen und ein zeichenhaftes, narratives Element ins Spiel bringen, versuchten sie, die Hofsituation zu attraktivieren und die Passanten gewissermaßen in den Bannkreis der Bibliothek zu locken. Mit den De-Stijl-Farben Rot und Blau blieben sie freilich auf sicherem Terrain der Moderne.

Jener Bau, der am meisten von dem damals virulenten Postmodernismus mitbekommen hat, steht

HAUS BAUR, STUTTGART, SÜDANSICHT, ERDGESCHOSS UND 1. OBERGESCHOSS BAUR HOUSE, STUTTGART, VIEW FROM THE SOUTH, GROUND FLOOR AND FIRST FLOOR

fangreiches Projekt stellte die Stadtmitte Fellbach große Anforderungen an Organisation und Logistik und katapultierte das Büro in eine andere Liga. Nun ging es nicht mehr um Einfamilienhäuser, sondern um Sozialbauten, Schulen und Bürohäuser. Noch gab es keine charakteristische, für das Büro signifikante Architektursprache oder konzeptionelle Vorgehensweise. Bei aller Eleganz der Ausführung und allemal überdurchschnittlicher Qualität sind es doch die gelernten, bewährten architektonischen Topoi vornehmlich der klassischen Moderne, mit denen diese erste große Bauaufgabe bewältigt wurde. Da die Bibliothek, die von den

im schwäbischen Universitätsstädtchen Tübingen. Dort haben die Architekten 1985–88 einen Kindergarten in die mittelalterlich strukturierte Altstadt eingefügt. Zunächst erfüllt das Gebäude die primären Anforderungen an Architektur, wie Lederer+Ragnarsdóttir+Oei sie verstehen. Das sind die Bedürfnisse der Kinder nach anregenden Räumen, nach haptisch interessantem Material und nach fröhlichen Farben. So kommt es zum blauen Verputz des Sockelgeschosses, zum gelb gestreiften Oberbau, zur quittengelb gestrichenen Wendeltreppe und den spannenden Durchblicken im Haus. Primäre Anforderung ist aber auch die

a small winegrowing town north of Stuttgart – just within sight of the town hall on which he had drafted while working in Giesel's practice.

The young Icelandic graduate engineer Jórunn Ragnarsdóttir made a significant contribution to this competition design. Their successful collaboration did not only remain on a professional level; in 1985 they joined forces to establish both professional and private partnerships. As their first really large-scale project, Fellbach town centre was organisationally and logistically extremely demanding and it catapulted the practice into another league. They were now involved in social housing schemes, schools and office buildings

attractive and lured passers-by into the vicinity of the library. By applying the De Stijl colours of red and blue they remained safely on modernist territory.

The building most affected by the then infectious post-modernism is located in the small Swabian university town of Tubingen. There, the architects inserted a kindergarten into the medieval structure of the old town in 1985-88. It fulfils the primary properties of architecture as understood by Lederer+Ragnarsdóttir+Oei. These included children's need for inspiring spaces, haptically interesting materials and cheerful colours; they led to the creation of the blue plastered base storey, the

HAUS BLUM, AICHSCHIESS, SÜDANSICHT, WOHNKÜCHE UND DIELE BLUM HOUSE, AICHSCHIESS, VIEW FROM THE SOUTH, EAT-IN KITCHEN AND HALL

rather than just single family homes. The practice had not yet developed a characteristic architectural language. Despite their elegant implementation planning and above-average building standards, they mainly applied the classical-modernist topos familiar to them to this first large building project. Economic circumstances and functional mechanisms relegated the library to the back yard. However, as a public building it had to be accentuated, a task for which the architects resorted to post-modernist means. Using form and colour beyond the classical repertoire to bring a symbolic narrative element into play, they made the yard more

striped yellow upper storey, the quince yellow-painted spiral staircase and the long visual axes throughout the whole building. However, another main priority was to integrate the simple gable-roofed building into the family of buildings in the old part of town. Here the architects made an unexpected move by bending the building (unlike any of its neighbours) to fit it onto the site, a task that would otherwise have proven impossible. This created points of reference and corresponding outside spaces for the kindergarten. It is impossible to view the bent building volume as a whole; its façade only being visible in parts. A red latticed

städtebauliche Einbindung des einfachen Sattel-dachbaukörpers in die Häuserfamilie der Altstadt. Doch dann wieder die Überraschung: Der Bau ist gebogen (wie keiner der Nachbarn), weil er anders kaum in das Baufenster gepasst hätte und bildet auf diese Weise Bezüge und korrespondierende Außenräume, die für den Kindergarten bestens nutzbar sind. Der gebogene Baukörper ist nie als Ganzes zu sehen, seine Fassaden lassen sich immer nur in Teilen wahrnehmen. Eine rote Gitterstahlstütze wie ein Kranausleger unter der Gebäudeecke pointen den Eingang.

Die 1991 eröffnete Merzweckhalle in Pforzheim-Huchenfeld markiert schließlich die Abkehr von postmodernen Anklängen und die Rückkehr zu Architekturformen, die sich der Formalismen enthalten und weitestgehend sachlich als Körper und Hülle die gegebenen Funktionen kleiden. Sachlich die Rechteckform der Halle und des Foyergebäudes, sachlich auch noch das abgerundete Treppenhaus. Formal vielleicht die Entscheidung, die Räume für die Sportler in einem Rundbau unterzubringen, der der Halle wie ein stereometrischer Körper beigestellt ist.

Verfolgt man die Architektur von Lederer+Ragnarsdóttir+Oei über die Jahre, so ist schon im ersten Jahrzehnt eine Entwicklung offenkundig, nämlich die von der „weißen Moderne" hin zur „Rematerialisierung der Moderne". Die „weiße Moderne" mit Blick auf Le Corbusier, Gropius, Scharoun, Oud oder Mallet-Stevens ist bei ihren Projekten Finanzamt Reutlingen 1991, beim Haus Baur 1992 in Stuttgart und anderen lebendig, vor allem aber bei der Sanierung der Stadtmitte von Fellbach 1987. Jene „Rematerialisierung der Moderne", wie Christoph Mäckler die Wiedereinführung solider, handwerklicher Bauweisen, massiver Baumaterialien und materialbewusster Gestaltung unter Beibehaltung einer modernen Formensprache mit Blick zum Beispiel auf Mendelsohn, Poelzig und Behrens einmal genannt hat, ist bei Lederer+Ragnarsdóttir+Oei in Ostfildern (1996–2000) anzutreffen, bei den kraftvollen Fassaden der EVS

(EnBW) in Stuttgart (1993–1997) und schon beim Haus Buben in Karlsruhe (1994).

Inzwischen sind die Architekten Arno Lederer, Jórunn Ragnarsdóttir und, seit 1992 als dritter Partner, Marc Oei bekannt für ihre Passion, der Moderne die Leichenblässe auszutreiben, feste, ordentliche Häuser zu bauen, bei denen nicht nach acht Jahren die Platten verrottet und die Dämmungen verschimmelt sind. Fest gemauert auf der Erden stehen ihre Bauten, die aus der Erde ihre Kraft zu ziehen scheinen, wie besonders in Ostfildern und in Salem zu sehen ist. Eine Kraft, die den Bauten der Moderne abhandengekommen ist oder die sie bewusst negieren, wenn sie auf dünnen Pilotis balancieren oder sich in Transparenz verflüchtigen. „Wir mögen die transparenten Glashüllen nicht so sehr. Warum sollen wir in Gebäude gehen, die einem beim Betreten sagen, man sei wieder draußen?", fragen sie, ein wenig polemisch natürlich. Lieber bedienen Lederer+Ragnarsdóttir+Oei die von niemandem wegzudiskutierenden Grundbedürfnisse des Menschen nach Raumerlebnis, Orientierung, Atmosphäre, Erfahrung mit allen Sinnen und Geborgenheit. Vor allem der sinnlichen Erfahrung, dem Erlebnis der Atmosphäre und dem bergenden Charakter der Bauwerke, Eigenschaften, die in der Moderne vergessen worden sind, gilt ihr Bestreben.

„Drinnen ist anders als draußen" war eine Ausstellung in der Berliner Architekturgalerie Aedes überschrieben, die vor Augen führte, was eine solche Haltung für architektonische Konsequenzen hat. Plötzlich verbindet sich die Architektur mit der Landschaft, aus der sie gewachsen scheint, und zwar nicht wie bei Frank Lloyd Wright, der den Raum ins Gebäude fließen ließ – und wieder hinaus. Plötzlich fühlt sich der Mensch instinktiv geborgen und erkennt die Welt aus einem sicheren Hort heraus neu.

So arbeiten sie an der Überwindung des Bruchs, den die Moderne mit der durch sie abgelösten traditionalistischen Architektur herbeigeführt hat-

column, resembling the arm of a crane, under the corner of the building, accentuates the entrance. A multi-purpose hall in Huchenfeld, Pforzheim finally marked a turn away from post-modernism and a return to non-formalistic architecture; to matter-of-fact accommodation of functions in body and covering. The hall's rectangular shape is matter-of-fact as are the foyer building and the rounded staircase. Accommodating the changing rooms in a round building, and thus adding a solid geometric body to the hall, could perhaps be considered a formal decision.

Within the first decade of Lederer+Ragnarsdóttir+Oei's work, an obvious development from "white Modernism" towards the "re-materialisation of Modernism" took place. "White Modernism," in the sense of Gropius, Scharoun, Le Corbusier, Oud or Mallet-Stevens, is emanated by their 1991 Reutlingen Revenue Office and 1992 Stuttgart Haus Baur projects among others, the most obvious of which being Fellbach town centre in1987. Christoph Mäckler once called the reintroduction of solid technical building methods, solid building materials and material-conscious design, while retaining modernist formal language "re-materialising Modernism." This is illustrated by Lederer+Ragnarsdóttir+Oei's projects in Ostfildern (1996–2000), their powerful façade for the EVS (EnBW) in Stuttgart (1993–1997) and their House Buben in Karlsruhe (1994); designed in the sense of such people as Mendelsohn, Poelzig and Behrens.

The architects Arno Lederer, Jórunn Ragnarsdóttir and, their third partner since 1992, Marc Oei have become known for their passion to drive the deathly pallor out of Modernism and for building solid, decent buildings whose panels do not start to rot after eight years and whose insulation does not mould. Their buildings stand solid, appearing to draw their strength from the earth, particularly in Ostfildern and in Salem. This is a strength that was lost to the buildings of Modernism; it was consciously negated in their design as they

balance on narrow pilotis or vanish into transparency. "We're not too pushed about glass coverings. Why should we go into a building that tells us we're outside as soon as we have entered?" they ask, a little polemically. Lederer+Ragnarsdóttir+Oei prefer to provide the basic human need for spatial quality, orientation, atmosphere, sensuous experience and protection. They particularly strive towards sensuousness, atmosphere and the protective character of a building, all characteristics that were forgotten by Modernism.

An exhibition in the Aedes architecture gallery in Berlin titled *Inside is different to outside* demonstrated the architectural consequences that such an attitude has. Architecture suddenly connects with the landscape out of which it appears to have grown; in a different sense to Frank Lloyd Wright who allows the outside space to flow into the building and back out again. One suddenly feels instinctively protected and learns to rediscover the world from the perspective of a new safe place.

This is how Lederer+Ragnarsdóttir+Oei work on overcoming the rupture which Modernism affected between itself and the traditionalist architecture that preceded it. Its radical break with traditional roots discredited Modernism, seemingly justifiably, now making it essential to reincorporate contemporary architecture into the course of architectural history. It is vital to make knowledge and qualities from earlier ages accessible and available whether they be pre-Modernist spatial correlation or feinted baroque lighting or classicist grandeur, when such demeanour is called for.

However, Vitruvius' "firmitas," solid quality construction methods, also come to play here. The architects build new contemporary architecture, modern yet solid and sturdy, not only for reasons of durability but because of its material impact, its atmospheric textures and the beauty of its surfaces.

Lederer+Ragnarsdóttir+Oei's also prioritise remaining within a given budget while still providing

te. Die radikale Lossagung von den traditionellen Wurzeln hat die Moderne in Misskredit gebracht, zu Recht offenbar, und so gilt es, die zeitgenössische Architektur wieder in den Lauf der Architekturgeschichte einzugliedern. Es gilt, Erkenntnisse und Qualitäten aus allen früheren Epochen wieder zugänglich und verfügbar zu machen, ob Raumzusammenhänge der Vormoderne, ob Finten barocker Lichtführung, ob klassische Würdeformen, wenn denn entsprechendes Auftreten geboten ist. Es geht aber auch um Vitruvs „firmitas", um solide, werkgerechte Bauweisen. Das Anliegen der Architekten ist es, neue, zeitgemäße Architektur modern, aber solider, massiver zu bauen, und dies

wie man etwa den erheblichen Kostenfaktor Fassade beherrscht, um noch etwas Luft für andere Maßnahmen zu gewinnen. So kommen die Architekten zum Beispiel auf dunkelblaue Fliesen wie in Heilbronn, ein für Fassaden in einer schwäbischen Mittelstadt sehr ungewöhnliches, aber robustes und bei kontrollierter Qualität und ordentlicher Verarbeitung ungemein dauerhaftes Material. Lederer+Ragnarsdóttir+Oei haben kein Problem, sich mit der Optik dieses Materials anzufreunden, kommt sie ihnen doch bei ihren Vorlieben für ungewöhnliche Details und hin und wieder kräftige Farbakzente entgegen.
Es geht ja nicht nur darum, mit den solideren, nach-

SÖLLERHAUS, RIEZLERN, SÜDANSICHT, SPEISESAAL UND TREPPENHAUS SÖLLER HOUSE, RIEZLERN, VIEW FROM THE SOUTH, DINING-HALL AND STAIRCASE

nicht nur wegen der Dauerhaftigkeit, sondern auch wegen der Anmutung der Materialien, der Atmosphäre vermittelnden Stofflichkeit, der Schönheit der Oberflächen.
Freilich steht auch bei Lederer+Ragnarsdóttir+Oei an vorderer Stelle die Notwendigkeit, mit den Baukosten im Budget zu bleiben und die Qualität zu sichern, auch wenn sich die Kostenschraube zudreht. Marc Oei ist der Partner, der mit Nachdruck technische Lösungen aufspürt, die geringere Kosten versprechen und dennoch den architektonischen Ansprüchen des Trios genügen. Immer wieder stellt sich zum Beispiel die Frage,

haltigeren Bauweisen auch einen ökologischen Effekt zu erzielen. Ein Gebäude routinemäßig abzureißen und neu aufzuführen, vergeudet mehr Ressourcen als die Umnutzung eines soliden Baus. Die unter Umständen höhere Investition in nachhaltige Bauweisen erweist sich auf lange Sicht als kostengünstiger, ökologisch sinnvoller und somit klüger. Und so versuchen sie, die Bauherren für diese Zusammenhänge zu sensibilisieren und zu interessieren. Lederer+Ragnarsdóttir+Oei wählen die Baumaterialien durchaus nach ökologischen Kriterien aus und fragen nach deren Energiebilanz in Herstellung und Transport. Massivere Bauwei-

quality even if funds begin to dry up. Marc Oei is the partner who emphatically tracks down technical solutions that promise lower costs yet still fulfil the architectural demands of the trio. The question of how to get the huge cost factor involved in the façade under control, leaving more room for other areas of a building, always arises. This explains how the architects came to apply dark blue tiles to the Heilbronn building, a very unusual material for a façade in a medium-sized Swabian town, yet a robust and incredibly durable material as long as its quality is supervised and it is properly processed. It was no problem for Lederer+Ragnarsdóttir+Oei to warm to the optical qualities of their interest in them. Lederer+Ragnarsdóttir+Oei select building materials according to ecological criteria and also research the carbon footprint that they leave in production and transport. Solid building methods turn out to be climatically favourable (and more pleasant) and are less costly from a building services point of view. This was a decisive factor in commissioning the extension to the town hall in Eppingen. In that case, the client had the life cycles of the potential projects examined and the running costs of the building over 25 years calculated including a first replacement of building service aggregates. Although the project proposed by Lederer+Ragnarsdóttir+Oei gener-

HAUS MERCY, STUTTGART, OSTANSICHT, WOHNRAUM UND SÜDANSICHT   MERCY HOUSE, STUTTGART, VIEW FROM THE EAST, LIVING ROOM AND VIEW FROM THE SOUTH

this material. It actually accommodated their partiality towards unusual details and towards occasionally setting strong colourful accents.

Using solid and sustainable building methods to produce more positive ecological results is not the only objective here. It is a waste of resources to demolish a building and then build a new one for the sake of it, rather than converting a solid old building into something new. In the long run, the potentially higher investment involved in sustainable building proves more cost-effective, ecologically wiser and cleverer. The architects try to sensitise clients to these correlations and to awaken

ated the highest initial costs, it was the least expensive to run on a long-term basis and was thus commissioned by the farsighted city fathers.

Sustainability also serves the artistic side of architecture, protecting it from wear and tear. The life expectation of Japanese and other Asian inner-city architecture sometimes does not exceed a decade, which obviously has considerable effects on both building technology and design. Thus, architecture becomes a commodity, a consumable article that is constantly under pressure to keep up with changing fashions. As a commodity, architecture gets dragged into the consumer world's

sen erweisen sich als dauerhafter, als klimatisch günstiger (und angenehmer) und kommen mit geringerem Aufwand an Haustechnik aus. Beim Rathausanbau in Eppingen zum Beispiel spielte dies auch für die Beauftragung eine Rolle. Dort hatte der Auslober mit den infrage kommenden Entwürfen eine Lebenszyklusuntersuchung gemacht und die Kosten der Gebäude auf 25 Jahre berechnet, also inklusive des ersten Austauschs der Haustechnikaggregate. Das Bauvorhaben von Lederer+Ragnarsdóttir+Oei schlug zwar mit den höchsten Baukosten zu Buche, schnitt jedoch auf lange Sicht am besten ab und wurde deshalb von den weitsichtigen Stadtvätern in Auftrag gegeben.

Mit Nachhaltigkeit wird man auch der Architektur als Kunst gerecht, weil man sie auf diese Weise dem Verbrauch entzieht. In den innerstädtischen Zentren von Japan und anderer asiatischer Länder ist zu beobachten, dass die Lebenserwartung von Architektur teilweise nur noch mit einem Jahrzehnt bemessen wird, was naturgemäß sowohl auf die Bautechnik als auch auf die Gestaltung erhebliche Auswirkungen hat. Architektur wird zum Gebrauchsgut, zum Verbrauchsartikel, und ist damit schnell wechselnden Moden unterworfen. Als Verbrauchsgut unterliegt Architektur dem ständigen Neuerungszwang der Warenwelt. „Dabei ist Architektur vielmehr etwas, das sich – ebenso wie Musik, Malerei oder Literatur – eigentlich gar nicht verbrauchen lässt", äußert Arno Lederer seine Überzeugung, die sich in der Praxis als allzu selten erreichter Idealzustand erweist. Wenn der Architekt sich und seine Arbeit in das Kontinuum der Baugeschichte eingeordnet sieht, mag das so sein. Dann ist ein architektonischer Entwurf ein unvergängliches Kunstwerk, seine Verwirklichung in Beton, Stahl und Glas eine Kulturleistung, im günstigen Fall ein zukünftiges Kulturdenkmal, dessen „Verbrauch" sich verbietet. Also ist es geboten, nachhaltig zu bauen, dauerhaft und betriebskostenoptimiert, auf dass es dem Investor leichter falle, das Bauwerk nicht (nur) als Renditeobjekt zu sehen, sondern ebenfalls als Kulturleistung, für

die er bei aller Hatz nach *shareholder value* Verantwortung trägt.

In dieser Hinsicht gehören Lederer+Ragnarsdóttir+Oei zu einer offenkundig aussterbenden oder zumindest in die Minderheit geratenden Spezies, die die Verantwortung des Architekten nicht nur dem Kosten-Controller und dem Investor gegenüber verspürt, sondern auch gegenüber der Gesellschaft und der (Bau-)Kultur. Diese Haltung im eigenen Land zu vertreten, ist schwierig genug. Auch deshalb haben Lederer+Ragnarsdóttir+Oei ihre Begehrlichkeiten nicht wie viele Kollegen auf Großaufträge in Nah- und Fernost gerichtet, um dort den Zug nicht zu verpassen. Dahinter steckt aber auch das Bestreben, in der Realisierungsphase möglichst nah am Projekt zu sein und dieses bestmöglich zu begleiten. Kurzlebige Boomtown-Architektur in Dubai, Kuala Lumpur oder Guangzhou ist ihre Sache nicht. Sie bleiben im Land und verzeichnen Erfolge als „Architekten des Jahres", so ausgezeichnet von der Jury des Jahrbuchs 2006 *Made in Germany*.

Der Respekt der Architekten Lederer+Ragnarsdóttir+Oei vor der Baugeschichte, durchaus auch personenbezogen vor den Leistungen der vormaligen Kollegen, geht eine Verbindung ein mit dem Selbstbewusstsein, mit jenen auf Augenhöhe zu agieren, sowie mit der notwendigen Gelassenheit, sich nicht mit jedem Werk beweisen und in die Annalen der Architekturgeschichte einschreiben zu müssen. Aus dieser gleichermaßen demütigen wie selbstbewussten Haltung heraus entstehen Häuser in historischem Kontext, die wie selbstverständlich die Bauentwicklung der Stadt fortschreiben, die auf ihre Nachbarschaft reagieren, aber auch innovativ agieren. Häuser, die nicht Anpassung oder gar Nachahmung, sondern freundliche Anteilnahme und Neuanfang sind. Mit dieser Haltung ist es Lederer+Ragnarsdóttir+Oei auch 2007 und 2008 gelungen, bedeutende Wettbewerbe um Projekte in historischen Zentren zu gewinnen, so für das Wohn- und Geschäftshaus „Kaiserkarree" in Karlsruhe, für die Sparkasse in der Innenstadt

constant compulsion for renewal. Arno Lederer expresses his conviction that "in actual fact architecture cannot – like music, painting or literature –be consumed," an ideal that seldom comes to bear in practice. It can come to play if the architect considers himself and his architecture part of a continuum of architectural history. In that case an architectural design becomes an immortal work of art, its materialisation in concrete, steel and glass a cultural achievement and at best a cultural monument beyond "consumption." So it is possible to build sustainably, durably and running-cost-effectively, to make a building more than (just) a source of income for an investor and to awaken his awareness that it is a cultural achievement for which he bears responsibility despite his quest for *shareholder value*.

From this perspective Lederer+Ragnarsdóttir+Oei obviously belong to a dying or at least minority species that sense the architect's responsibility towards society and (building) culture and not just towards cost controllers and investors. It is difficult enough to hold this position in one's home country. This is one reason that Lederer+Ragnarsdóttir+Oei have not turned their attention towards the Middle and Far East as have many of their colleagues who seem more afraid of missing out on something than they are. Another motive is their desire to remain as close as possible to their projects while they are being built so that they can supervise them properly. They are not interested in the short-lived boomtown architecture of Dubai, Kuala Lumpur or Guangzhou. They like to remain in their homeland where they have registered such successes as their "Architects of the Year" award from the jury of the 2006 *Made in Germany* annual.

Lederer+Ragnarsdóttir+Oei architects' respect for architectural history, and often on a personal level, for previous colleagues' achievements, complements their confidence in approaching established works and their composure in not always wanting to prove themselves nor expecting every one of their works to enter the annals of architectural history. This equally humble and confident attitude leaves their buildings room to grow into historical contexts and to carry forward the urban development of towns by reacting to neighbourhoods while at the same time entering new design territory. These buildings neither conform nor copy, they cordially participate while marking a new beginning. This attitude has led Lederer+Ragnarsdóttir+Oei to win significant competitions for historical town centres in both 2007 and 2008, including the "Kaiserkarree" residential and commercial building in Karlsruhe, the Sparkasse in Ulm town centre and a new museum of history at Römerberg in Frankfurt am Main. The latter demonstrates how an existing situation can be reinterpreted using new building types and how interesting spaces, correlations and functions can develop if historical demands are let loose and new urban character is aspired to. These are contemporary responses to increasing calls to reconstruct homely pre-war townscapes wiped away by showers of bombs and fire storm more than half a century ago.

Over the years Lederer+Ragnarsdóttir+Oei have moved further and further away from their obsession with formally expressive details. They did go through what Arno Lederer calls the "Scarpa era" in which their buildings were excessive in delicate details. However, they have since come to concentrate more on essence. Constructive details, developed as a result of much experience and with great accuracy in order to simplify their work and building practice, have become more important. Ludwig Mies van der Rohe demonstrated a similar approach by formally and technically simplifying details to the extreme. Lederer+Ragnarsdóttir+Oei still tend to create some surprisingly striking details, albeit reduced to only a few per building. Arno Lederer identifies the origin of this approach in Lessing's *Emilia Galotti*, "Less loyalty would be more loyal!" and considers the old-fashioned sounding term "loyalty" appropriate in this con-

von Ulm und für den Neubau des Historischen Museums am Römerberg in Frankfurt am Main. Letzteres zeigt, wie eine vorgefundene Situation mit neuen Bautypen anders interpretiert werden kann und interessante Räume, Zusammenhänge und Nutzungen entstehen können, indem man sich von den historischen Vorgaben befreit und neue städtebauliche Dispositionen anstrebt. So sehen zeitgemäße Antworten aus auf die lauter werdenden Rufe nach der Rekonstruktion heimeliger Stadtbilder der Vorkriegszeit, die Bombenhagel und Feuersturm schon vor mehr als einem halben Jahrhundert hinweggefegt hatten.

Im Lauf der Jahre haben sich Lederer+Ragnars-

und durchaus auffallend gestalten, aber eben nur wenige an jedem Bau. Arno Lederer erkennt den Ursprung dieses Gedankens in Lessings *Emilia Galotti*: „Etwas weniger redlicher wäre redlich" und hält den inzwischen altertümlich klingenden Begriff „Redlichkeit" in diesem Zusammenhang für angemessen, wohl weil er eine moralische Kategorie ins Spiel bringt. Über Winckelmann („weniger wäre mehr") komme es zu Mies van der Rohe: „weniger ist mehr". Man könnte den Gedanken aber noch weiter zurückverfolgen, bis zu Shakespeares Hamlet, wo Königin Gertrude den Oberkämmerer Polonius zurechtweist: „Mehr Inhalt, wen'ger Kunst!".

SALEM COLLEGE, WOHNHAUS SALEM COLLEGE, RESIDENTIAL BUILDING SCHULE OSTFILDERN, ABLUFTKAMINE OSTFILDERN SCHOOL, VENTILATION FLUES KATHOLISCHE AKADEMIE STUTTGART, KAPELLE CATHOLIC ACADEMY, STUTTGART, CHAPEL SALEM COLLEGE, SAALOBERLICHT SALEM COLLEGE, SKYLIGHT

dóttir+Oei von der Fixierung auf eine Vielfalt formal wirksamer Details mehr und mehr gelöst. Da gab es zwar die „Scarpa-Zeit", wie sie Arno Lederer nennt, in der die Bauten von delikaten Details überladen waren. Inzwischen haben sie sich aber auf das Wesentliche konzentriert. Das mit viel Erfahrung und großer Sorgfalt entwickelte konstruktive Detail, das die Arbeit und den Bau vereinfacht, hat an Bedeutung gewonnen. Es ist letztlich das Credo von Ludwig Mies van der Rohe, die Details formal und technisch bis zum Extrem zu vereinfachen, wenngleich Lederer+Ragnarsdóttir+Oei, anders als Mies, manche Details überraschend

„Mehr Praxis, weniger Theorie" ist eine Abwandlung dieses Gedankens, die Arno Lederer häufig umtreibt. Zwar ist er als Hochschullehrer, als Herausgeber von *ach*, einer Zeitschrift für Architekturtheorie, als gern gehörter Festredner und geistreicher Architekturfeuilletonist dem architektonischen Wort und der Architekturtheorie keineswegs abhold und weiß die Arbeit des Büros Lederer+Ragnarsdóttir+Oei durchaus theoretisch zu untermauern. Doch erliegt er nicht, wie viele Kollegen, der Versuchung, alle Architektur abschließend theoretisch definieren, erklären und bestimmen zu wollen. „Wir stehen vor dem auf

text because he can use it to bring a moral category into play. Mies van der Rohe's "less is more" comes from Winckelmann ("less would be more"). One could go even further back to Shakespeare's Hamlet in which Queen Gertrude orders the head courtier Polonius, "More matter, with less art."

"More practice, less theory" is a modification of this attitude often expressed by Arno Lederer. As a professor, as editor of the architectural theoretical journal *ach*, as a popular speaker, and as an ingenious writer of architectural features in no way ill-disposed towards the architectural word and architectural theory, he is well able to substantiate the work of the Lederer+Ragnarsdóttir+Oei prac-

neither ethereal artefacts nor minimalistic boxes nor strange Mikado structures nor architectural manifestos that follow century-old rules of proportion, which would inevitably be met with incomprehension by the average citizen. Lederer+Ragnarsdóttir+Oei buildings are understood by their users and are usually well accepted by them. Lederer succinctly states that, "the people who use buildings, streets and cities do not want an instruction manual to go with them." In that sense there is no difference between a building and a mobile phone.

The quantity and dimensions of the projects carried out by Lederer+Ragnarsdóttir+Oei have so

SALEM COLLEGE, SAALEINGANG SALEM COLLEGE, ENTRANCE TO THE HALL WEISSES HAUS, STUTTGART, OSTFASSADE WHITE HOUSE, STUTTGART, EAST FAÇADE
SCHULE OSTFILDERN, LEHRERZIMMER OSTFILDERN SCHOOL, STAFF ROOM SALEM COLLEGE, BIBLIOTHEK SALEM COLLEGE, LIBRARY

tice on a theoretical level. However, unlike many of his colleagues, he does not succumb to a desire to theoretically define, explain and determine all architecture once completed. He has experienced, "We are looking at a building constructed on the basis of theory and we cannot find even the smallest correlation between thought and action." He concedes that architecture affects people much more directly and that there is no need to travel indirect paths through long-winded and sophisticated explanations by the architect. This is an insight that Lederer+Ragnarsdóttir+Oei architects always keep in mind. Their buildings are

far allowed them to dedicate their whole attention to planning, detailing and construction. It is of particular concern to Marc Oei that the trio's passion for architecture be allowed to flow into their work so that each and every building can benefit from it. The result of their dedication goes beyond clear precise detailing work and its practical application; these should be a matter of course for a committed architect. It can also be felt in the architecture itself. Although, they use conventional everyday means to produce surprises and sometimes curiosities they are not out to create useless short-lived gimmicks. Secondary func-

Grundlage der Theorie erbauten Haus und es will sich nicht der kleinste Zusammenhang zwischen Gedachtem und Gemachtem herstellen", hat er schon erfahren und konzediert, dass Architektur auf die Menschen wohl weitaus direkter wirkt, ohne die Umwege umständlicher und sophistischer Erklärungen durch den Architekten. Dieser Erkenntnis tragen Lederer+Ragnarsdóttir+Oei Architekten Rechnung. Ihre Bauten sind keine ätherischen Artefakte, keine minimalistischen Kisten, keine verqueren Mikadostrukturen und keine architekturtheoretischen Manifeste nach jahrhundertealten Proportionsregeln, denen der Normalbürger zwangsläufig mit Unverständnis begegnet.

liegen, das besonders Marc Oei am Herzen liegt: dass ihre Leidenschaft für die Sache der Architektur in die Arbeit einfließt und jedem einzelnen Bau zugute kommt. Diese Zuwendung führt nicht nur zu sauberer, präziser Detailarbeit und deren handwerklicher Umsetzung in der Praxis, das ist für engagierte Architekten eine Selbstverständlichkeit. Diese Zuwendung spürt man auch im Architekturerlebnis vor Ort. Mit konventionellen, alltäglichen Mitteln wird oft Überraschendes, zuweilen Kurioses geschaffen. Dabei verfolgen die Architekten nicht die Absicht, nutzlose, kurzlebige Gags zu produzieren. Immer handelt es sich um einzelne, auch nebensächliche Funktionen,

   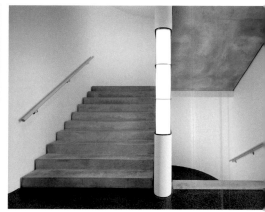

FINANZAMT REUTLINGEN, KANTINE REUTLINGEN REVENUE OFFICE, CAFETERIA SCHULE OSTFILDERN, HALLE UND FLUR OSTFILDERN SCHOOL, HALL AND CORRIDOR FECO FORUM, KARLSRUHE, TREPPENHAUS FECO FORUM, KARLSRUHE, STAIRCASE

Lederer+Ragnarsdóttir+Oei-Bauten werden von den Benutzern verstanden und in aller Regel gerne angenommen. „Die Menschen, die die Häuser, die Straßen und die Stadt benutzen, wollen dafür keine Gebrauchsanleitung", heißt es bei Lederer lapidar. Darin unterscheidet sich ein Haus nicht von einem Handy.

Es liegt sicher auch in der überschaubaren Anzahl und der Dimension der von Lederer+Ragnarsdóttir+Oei bearbeiteten Bauaufgaben begründet, dass es ihnen bislang immer gelungen ist, ihren Bauten in Planung, Detaillierung und Ausführung die ganze Aufmerksamkeit zu widmen, ein An-

die zum gestalterischen Schlüsselelement werden können: eine Treppe in der Waldorfschule Villingen, ein signifikanter Schornstein an der Schule in Ostfildern, eine überraschende Wandbank im Rathaus Eppingen (die sich als funktional genau platziert erweist), die „Schwimmbadgarderobenschränke" im Staatstheater Darmstadt, die durch Anordnung und Farbgebung plötzlich die dem Ort angemessene Würde und Eleganz zeigen, und vieles mehr, was sich im Werk der Architekten entdecken lässt.

Wieder und wieder wird im Büro Lederer+Ragnarsdóttir+Oei während des Entwurfsprozesses

tions are always involved, which can become key design elements: a staircase at Villingen Steiner school; a large chimney at the school in Ostfildern; an unexpected wall bench at Eppingen town hall (which turns out to have been perfectly placed); and the "swimming pool lockers" at Darmstadt State Theatre. These can all lend a place dignity and elegance as a result of their positioning and colour, leaving much more potential to be discovered within the architects' work. During the design process at the Lederer+Ragnarsdóttir+Oei practice much thought is given to how the user experiences architecture. The architects wonder, "How do I feel when I enter a building?" as they

welcoming gesture and prompt events to happen as in Darmstadt State Theatre. Hotel bathrooms usually invoke a hermetic feeling. The window between the bathroom and bedroom of the visitor's rooms of the Catholic Academy in Stuttgart provides daylight to the interior bathroom. The residents of the old people's home in Zuffenhausen, Stuttgart have had a bench placed in front of their doors in the entrance passageway, on which they can sit in the semiprivate area and chat to passers-by. These are only a few examples which illustrate a desire to evoke spatial experience. They demonstrate a level of attention towards the user that stimulates more intensive use of the architec-

STAATSTHEATER DARMSTADT, FOYER DARMSTADT STATE THEATRE, FOYER WALDORFSCHULE VILLINGEN-SCHWENNINGEN, TREPPENHAUS VILLINGEN-SCHWENNINGEN STEINER SCHOOL, STAIRCASE RATHAUS EPPINGEN, BÜRGERSERVICE EPPINGEN TOWN HALL, CITIZEN'S SERVICE CENTRE

open up a space that follows a narrow entranceway, also filling it with light, as in Reutlingen Revenue Office. "How do I ascend a staircase?" they wonder as they avoid adding views that could disturb the process. The sacral effect of a skylight and the curiosity created by the high curving staircase of the Catholic Academy in Stuttgart are sensation enough in themselves. A concrete banister topped off by a layer of warm beech wood planking in Haus Buben in Karlsruhe; it can be sat on or leaned on. A light working surface in a dark room can boost concentration. A "useless" platform with "advent calendar doors" can be a

ture involved. Architecture is not limited to fulfilling function and/or making aesthetic statements, it creates inspiring well-meaning spaces, providing an ambience that is conducive to life. It is never about performing architectural pirouettes; the focus is always on people and efforts are always made for them. Lederer+Ragnarsdóttir+Oei dedicate their whole energy to the "silent qualities" that only come to light after closer observation and that benefit the residents and users. Behind all of this is a deep conviction that architecture is a social art form whose objective is not the self-portrayal of the architect.

über das Erleben der Architektur durch den Nutzer oder Besucher nachgedacht. „Was empfinde ich beim Betreten eines Gebäudes?", fragen sich die Architekten und weiten nach einem engen Eingang den Raum und füllen ihn mit Licht wie beim Finanzamt Reutlingen. „Wie gehe ich eine Treppe hinab?", fragen sie sich und vermeiden Ausblicke, die den Bewegungsablauf stören. Die sakrale Wirkung des Oberlichts und die Neugier auf das Kommende beim hohen und gebogenen Treppenhaus der katholischen Akademie in Stuttgart sind ihnen Empfinden genug. Die Betonbrüstungen im Karlsruher Haus Buben sind mit einer warmen Buchenbohle gedeckt; denn man will auf ihnen sitzen oder sich aufstützen. Eine helle Arbeitsfläche bei dunklerem Raum fördert die Konzentration. Ein „nutzloses" Podest mit „Adventskalendertüren" ist Willkommensgeste beim Staatstheater Darmstadt und provoziert Events.

Hotelbadezimmer lassen meist ein hermetisches Gefühl aufkommen. Bei den Gästezimmern der Katholischen Akademie in Stuttgart sorgt ein Fenster zwischen Zimmer und Nasszelle für Tageslicht in dem gefangenen Raum. Die Bewohner der Altenwohnungen in Stuttgart-Zuffenhausen finden vor ihrer Haustür auf dem Laubengang eine Bank vor, wo sie, im eigenen halbprivaten Bereich sitzend, mit den Passanten in Kontakt treten können. Nur einige Beispiele, die den Wunsch verdeutlichen, räumliche Erlebnisse zu evozieren, aber auch die Zuwendung an den Nutzer belegen, ihn zu intensiverem Gebrauch der Architektur stimulieren sollen. Architektur beschränkt sich nicht auf Funktionserfüllung und/oder ästhetische Aussagen, sondern bildet anregende, wohlgestimmte Räume und bietet ein dem Leben dienendes Ambiente. Und niemals geht es darum, eine architektonische Pirouette zu drehen, immer steht der Mensch im Mittelpunkt des Interesses und der Anstrengungen. Es sind die „stillen Qualitäten", denen Lederer+Ragnarsdóttir+Oei ihre ganze Kraft widmen, jene, die vordergründig nicht ins Auge fallen, die erst beim genauen Hinsehen zutage treten und die den Bewohnern und Nutzern zugute kommen. Dahinter steht die tiefe Überzeugung, dass es sich bei Architektur um eine soziale Kunst handelt, nicht um die Selbstdarstellung des Baukünstlers.

So sind über das konzeptionelle Denken hinaus drei Essentials der Architektur von Lederer+Ragnarsdóttir+Oei festzuhalten, die deren sinnliche Wirkung auf den Menschen, den Nutzer, den Bewohner ausmachen. „Man kann einen Raum nur durch Licht erzeugen", sagt Jórunn Ragnarsdóttir und benennt damit das entscheidende Element, das den atmosphärisch wunderbar gestimmten Räumen zugrunde liegt. „Wir versuchen immer, mit den Materialien auszukommen, die am Ort vorhanden sind", fügt sie das zweite hinzu, das nicht weniger Einfluss auf die Atmosphäre hat. Die Stofflichkeit wird zur Wirkung gebracht, Materialwirkung nicht verfremdet. Und schließlich ist es die Farbe, die pointierend, nie flächendeckend eingesetzt wird. „Meistens sind das Spontanentscheidungen, auch noch während der Bauzeit", erläutert Jórunn Ragnarsdóttir, mit denen einzelne Bauglieder signalhaft hervorgehoben werden, dann aber kraftvoll, ohne Scheu und im Bewusstsein, dass jede Farbentscheidung letztlich eine gefühlsmäßige ist, die man Wochen später bereits wieder als falsch empfinden kann.

Drei Essentials, die viel Zuwendung verlangen, Zuwendung an den Bau, an die Aufgabe, aber auch an den Bauherren und vor allem an den Nutzer, der bei Lederer+Ragnarsdóttir+Oei in der täglichen Arbeit mehr im Blickfeld steht als bei vielen anderen Architekten.

On top of the conceptual thought behind Lederer+Ragnarsdóttir+Oei's projects, three architectural essentials account for the sensuous effect of their work on people, users and residents. "One can only create space using light," according to Jórunn Ragnarsdóttir, thus naming one of the key elements behind the atmosphere of their wonderfully composed spaces. "We always try to use local materials," she says, adding a second key element that has no less influence on atmosphere. Materiality is brought to bear rather than being distorted. The final key element is colour which is pointedly rather than ubiquitously applied. Jórunn Ragnarsdóttir declares that "these are usually spontaneous decisions, also taken during the construction period," with which individual building parts are symbolically accentuated; powerfully and daringly in the knowledge that any choice of colour is an emotional one which can feel wrong again weeks later.

Three essentials that require much attention—consideration of the building, the clients and users—feature in Lederer+Ragnarsdóttir+Oei architects vision of their practice more than for many other architects.

PROJEKTE
PROJECTS

SALEM COLLEGE, ÜBERLINGEN

Eine elysische, sanft hügelige Landschaft mit Blick auf den Bodensee, in der Ferne die Alpen, hier galt es, einen Campus für die Zöglinge der Oberstufe des Internats Salem zu schaffen. Hof, Hauptgebäude, Klassentrakt, Gassen und Wohnhäuser, aus diesen traditionellen Elementen ist das Ensemble „auf der grünen Wiese" arrangiert, wobei den Architekten die Polis als städtebauliches Konzept vorschwebte. Kernzelle ist der Aulabau, eine ruhige, statuarische Baukörperkomposition, die mit ihren archaischen Formen den Charakter der Anlage prägt. Weitgehend geschlossene, starke Mauern aus einem roten, rohen Backstein mit kräftigen gelben Fugen formulieren erdenschwere Kuben, laufen in gestaffelten Zungenwänden in die Umgebung aus und formen auch die Außenräume, den Theaterhof, die Freitreppen, die Terrassen. Besonders in der warmen Jahreszeit kontrastiert der intensiv ziegelrote Bau mit dem saftigen Grün der Obstwiesen der lieblichen Bodenseelandschaft. Die Nordwand des Forums ist angeböscht, mit einem tunnelmundförmigen Eingang durchbrochen und bringt die Erdverbundenheit der Bauten betont zum Ausdruck. Eine Fluchttreppe gibt Anlass, dem Giebel einen archaischen runden Turm beizustellen, eines der kraftvollen Elemente, die dem Bau etwas Burgartiges verleihen. Im Inneren herrscht dagegen keineswegs Verliesatmosphäre, sondern es dominieren offene Raumsituationen. Acht Doppeltüren führen in das quergelagerte Foyer. Der sich anschließende Saal mit 450

A divine undulating landscape overlooking Lake Constance, the Alps in the distance; this was to be the site of a campus for the senior pupils of Salem boarding school. Outdoor space, main building, classroom building, paths and residential houses are the traditional elements of the complex in "the open countryside", for whose design the architects kept the urban concept of the polis in mind. Its core is formed by the school centre, a calm, authoritative composition of building elements whose archaic forms characterise the ensemble. Predominantly closed, thick walls of coarse red brick with bold yellow joints formulate cubes of earthly weightiness; they stretch out in staggered tongues of wall into the surroundings, shaping outdoor space, the theatre area, outdoor staircases and terraces. Especially in summer, the intensive redbrick buildings contrast strongly with the juicy green fruit fields of the soft landscape around Lake Constance. An embankment-shaped northern wall of the forum is interrupted by a tunnel-like entrance, giving expression to the buildings' connectivity to the earth. An escape staircase allows an archaic round tower to be added to the gable, a powerful element that gives the building a castle-like air.

There is nothing dungeon-like at all about the interior which is characterised by open spatial situations. Eight double doors lead into the lateral foyer. It connects to the 450-seater assembly hall which is illuminated from above and takes on the warm colour of the in-

Plätzen ist durch Zenitlicht erhellt, das durch die Holzverkleidung der Sheds eine warme Farbe annimmt. Es sind die kleinen Gesten, die aufmerken lassen, etwa der kanzelartige Vortritt an der Galeriebrüstung; hier werden spontane Reden an die Versammlung gehalten, hier tritt der Cherub beim Mysterienspiel auf. Die Bühne lässt sich nach hinten zum Theaterhof mit Blick in die freie Landschaft öffnen. Die Mensa im Geschoss darüber hat Panoramafenster mit Blick übers Land. Und im Obergeschoss erhält die Bibliothek mit ihren schmalen Fenstern vor den Leseplätzen zusätzliche Helligkeit über die für die Architekten charakteristischen, mit Zinkblech verkleideten Oberlichte.

Klassenzimmer werden aus ökonomischen Gründen üblicherweise gereiht und gestapelt und in größeren Baukörpern zusammengefasst. In Salem sind sie zu einer langen Kette verbunden, zu einem U-förmigen, weißen Holzständerbau, der den Schulhof umfriedet und in einem sanften, den Hang nachzeichnenden Bogen ausläuft. Die Dachvorsprünge bilden beiderseits der eingeschossigen Schlange geschützte Umgänge. An mehreren Stellen ist die Kette der Klassenzimmer unterbrochen, wobei das hölzerne Dach durchläuft. So öffnen sich unter dem Holztragwerk gedeckte Pausenfreiräume und Durchgänge. Die Schüler sollen von ihren Wohngassen kommend die Unterrichtsschlange durchkreuzen, um schließlich zum Forum zu gelangen. 24 der geplanten 32 Wohnhäuser sind

terior wooden cladding. It is worth paying particular attention to the small gestures such as the pulpit-like approach to the gallery parapet; this is where spontaneous addresses to the assembly are held, where the cherub performs its mystery play. The stage can be opened up towards the outdoor theatre space with a view of the surrounding landscape. On the floor above, the canteen's picture windows provide spectacular views of the surrounding landscape. The top-floor library which has narrow slit windows at its reading desks is further illuminated by zinc-plate-clad skylights typical of Lederer + Ragnarsdóttir + Oei architects.

For financial reasons classrooms are usually rowed or stacked and combined in large building volumes. In Salem they are connected in a long chain to form a U-shaped white wooden post-and-beam construction which encloses the school yard and peters out in a gentle curve to follow the lines of the hillside. Roof projections along both sides of the single-storey chain form protected walkways. The chain of classrooms is broken at several points, however, its wooden roof continues uninterrupted. Covered breaktime spaces thus open up under the wooden structure as do other passage ways. The pupils cross through the chain of classrooms when coming from their residences to finally end up at the forum.

Twenty-four of the planned thirty-two residential buildings have so far been built; two-storey redbrick buildings with arched greened

vorerst realisiert, zweigeschossige Backsteinhäuser mit gewölbten Gründächern von eigentümlichem Reiz. Hätten sie nicht mit Skobalitflechtwerk geschlossene Erker und Wohnungsfenster, fühlte man sich an frühe Fabrikbauten erinnert.

In jedem der den Hang hinauf gestaffelten Reihenhäuser sind vier Zweibettzimmer einem Gemeinschaftsraum zugeordnet. Karge Materialien, Sichtbeton, Putz und Linoleum bestimmen den Charakter der Innenräume, wobei das Raumangebot für die Schüler durchaus großzügig genannt werden kann. Die Gassen enden an einem kleinen Platz vor den Häusern der Tutoren, die mit ihren Familien jeweils das Endhaus der Reihen bewohnen.

Das Salem College war als Demonstrationsvorhaben für ökologisches Bauen ein externes Projekt der EXPO 2000 in Hannover. Dabei ging es nicht um ambitionierten apparativen Aufwand für das Energiemanagement, sondern um die Auswirkungen der konservativen Massivbauweise auf den Energiehaushalt, die den Schülern didaktisch wirksam durch Instrumententafeln in den Häusern vermittelt werden. Geheizt wird zentral durch ein Holzschnitzelkraftwerk und zusätzlich durch individuelle Öfen, gekühlt durch Luftzufuhr über einen Erdkanal.

Wenn die Spenden der Alumni weiterhin fließen, kann an die geplanten Erweiterungen gedacht werden: die Verlängerung der Schlange um weitere Klassenräume, zwei zusätzliche Reihen Wohnhäuser, ein Haus für Kunst und Musik sowie ein „Haus der Stille". Die beiden letzteren werden das Ensemble, das sich geradezu malerisch an den Hang schmiegt, noch um zwei charakteristische Baukörper ergänzen.

roofs of peculiar charm. Were it not for the apartments' bays and windows clad in scobalit wattlework, they would certainly remind one of an early factory building.

Each of the row houses, arranged along the rising slope of the hill, contains four twin bedrooms and one common room. Bare materials, exposed concrete, plaster and lino characterise the interior spaces, whereby the spatial facilities for the students can certainly be said to be generous. The paths end at a small square in front of the tutors' houses, who occupy the last house of each row with their families.

Salem College was an external demonstrational ecological building project at the EXPO 2000 in Hannover. Rather than going to ambitious technological lengths in energy management, the focus was on the effect of conservative massive building methods on its energy budget. This was made part of the educational programme and is communicated to the pupils through boards of instruments installed in the buildings. Heat is provided by a central wood chippings power station and by individual stoves. Cooling is delivered by air which has passed through an underground tunnel.

As long as the flow of donations from alumni continues, the planned expansion can be designed: an extension of the chain by additional classrooms, two more rows of residential buildings, a building for art and music and a "hall of silence". The latter will add two further characteristic building volumes to the ensemble, quaintly nestled into the hillside.

BÜROGEBÄUDE DER EVS, STUTTGART
EVS CENTRAL ADMINISTRATION, STUTTGART

Mehr als verdoppeln wollte das Energieversorgungsunternehmen EVS seine Belegschaft am Standort in der Stuttgarter Innenstadt. Hans Kammerer (bei ihm hatte Arno Lederer studiert) und Walter Belz hatten den Bestandsbau 1975 errichtet, mit gläserner Doppelfassade, deren extreme Verspiegelung Einblicke aus der Umgebung brüsk abwehrt.

Für den Erweiterungsbau wählten die Architekten eine Fassade aus schwarzen Klinkern. Das lange, bandartige Kastenfenster mit horizontalen Lamellenscheiben lässt an Industriearchitektur denken, mehr noch an Bauhaus, Erich Mendelsohn oder die Gebrüder Luckhardt. Es wirkt als starkes, charaktervolles Zeichen mit Neigung zur Monumentalität. Das Treppenhaus ist plastisches, baukörpergliederndes Element, geschlossen gemauert und mit emblematischen Fensterformen, Okuli oder Sehschlitzen. Und oben am Giebel darf die Fahnenstange nicht fehlen, wiederum eine Reminiszenz an die dynamischen zwanziger Jahre. Ein repräsentativer Eingang war nicht gefragt, denn mit Publikumsverkehr ist nicht zu rechnen. Schlichte Türen, als dezente Hervorhebung in Dreierformation, genügten.

Die Eingangshalle erscheint zunächst beengt und recht niedrig, doch dann stockt der Atem: Eine azurblaue Wasserfläche fängt den Blick, leitet ihn hinaus in den Gartenhof, ins Licht. Man tritt näher und erkennt eine gläserne Wand, die in ein Wasserbecken taucht, das Innen und Außen verbindet. Der Blick wandert in die Höhe in eine strahlendweiße, lichtdurchflutete schmale Halle mit dynamisch geschwungenen Brüstungen.

Richtig gediegen geht es in den Bürogeschossen zu. Flure mit gemauerten Wänden, Holztüren und elegante Deckenspiegel sorgen für warme, angenehme Atmosphäre. Einbauregale unter den Fenstern und an der Flurwand sind von hohem handwerklichem Standard. Auf Heizkörper wurde verzichtet, das Haus hat eine hohe

The EVS energy supply company wanted to more than double the workforce at its premises in Stuttgart city centre. Hans Kammerer (one of Arno Lederer's teachers) and Walter Belz designed the original building, erected in 1975. Its reflecting double glazed façade definitively wards off curious gazes from the outside.

Black brick was chosen by the architects for the façade of the extension building. Its long casement windows complete with horizontal glass slats, call to mind industrial architecture and in particular the Bauhaus style of Erich Mendelsohn or the Luckhardt brothers. They also signal strength and character with a touch of monumentality. One of the building ensemble's most significant organisational elements is its closed brick stairwell, interrupted only by distinctively shaped windows, oculi and observation slits. An indispensable flagpole to top off the gable provides a reminder of the dynamic 1920s. A representational entrance was not required as multitudes of visitors were not expected; three modestly accentuated plain doors sufficed.

The entrance hall initially feels cramped and fairly low, until an azure blue water surface catches the eye, guiding one's gaze out into the garden and the light. A glazed wall dips into a pool of water, connecting inside and outside spaces. An upward glance reveals the shining white, light-flooded narrow hall complete with dynamically curving balustrades.

The office floors are extremely dignified. Their brick wall corridors with wooden doors and elegant ceiling mirrors create a warm and pleasant atmosphere. Shelves of extremely high standard in craftsmanship have been installed under the windows and along the walls. There are no radiators in the building, its high thermal mass means that heat is distributed by the interior thermal load; ceiling radiators and coolers are only switched on a few days a year.

träge Masse, wird durch innere Wärmelasten erwärmt und nur an wenigen Tagen im Jahr durch die Deckenradiatoren geheizt oder gekühlt.

Das Kasino, im Altbau in der obersten Etage untergebracht, sollte an einen zentralen Ort verlegt und in einem ansehnlichen Raum untergebracht werden. Platz fand es im Innenhof, erhielt Fenster zum Garten und ein Grasdach obenauf. Der gewölbte Raum mit seiner gemauerten Tonne auf massiven Mauerpfeilern hat so gar nichts von den üblichen Abfütterungskantinen, sondern würde jedem guten Restaurant zur Ehre gereichen. Daneben liegen die individuellen Speiseräume für Vorstand und Gäste, eigentlich im Keller, nur teilweise mit raffinierter Oberlichtführung, doch die Architekten

Part of the initial planning was to relocate the casino from the top floor of the old building, to a more central and more suitable place. It was moved to the inner courtyard, with windows to the garden and a grass roof. Its barrel vault of brick supported by massive brick columns emanates an atmosphere far removed from your typical canteen; it could honourably host any good restaurant. Individual dining rooms for the board and their guests are located next door in a part of the cellar. Using cleverly placed skylights, birch tree panel walls and ceilings and festive lighting the architects have made a virtue of necessity within this space.

Light, Scandinavian-style wood characterises the management floor located below the roof. This is a consequential culmination of

haben Wände und Decken mit Birkenpaneelen und eine festliche Beleuchtung eingebaut und auf diese Weise aus der Not eine Tugend gemacht. Helles Holz, auf skandinavische Weise eingesetzt, dominiert auch die Vorstandsetage im Dachgeschoss. Es ist nur der konsequente Höhepunkt der überaus sorgfältigen Materialwahl und hohen handwerklichen Qualität des gesamten Innenausbaus.

Manch schicker Büroneubau berühmter Architekten ist in zehn Minuten besichtigt. Für das Gebäude der EVS reicht eine Stunde nicht, um vom noblen Kasino im Untergeschoss bis zum elegant geschwungenen Flur unterm Dach alle interessanten Eindrücke zu sammeln.

the meticulous choice of materials and high quality of craftsmanship throughout the interior of the building.

Sometimes an office building designed by a famous architect can be seen within ten minutes. A whole hour would not be enough for the EVS building; the fascinating spaces it has to offer, from its noble casino on the bottom floor to its elegantly curving hall under the roof, call for more attention than that.

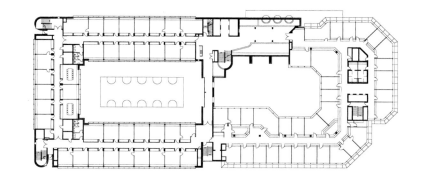

ERWEITERUNG KATHOLISCHE AKADEMIE, STUTTGART-HOHENHEIM
EXTENSION TO THE CATHOLIC ACADEMY, HOHENHEIM, STUTTGART

Die nach herkömmlichen Kriterien etwas „unglückliche" Grundstücksform, ein Trapez zwischen zwei viel befahrenen Straßen, kam den Architekten durchaus gelegen, wollten sie doch die schlichte, geradlinig rechtwinklige Modernität des Altbaus aus den sechziger Jahren nicht zur Richtschnur ihrer Arbeit machen. Lederer + Ragnarsdóttir + Oei entschieden sich dafür, an den Akademiebau einen S-förmig gebogenen Trakt anzubauen und einen Saal an der Südseite etwas schräg gestellt anzufügen. Es ergab sich ein *hortus conclusus*, ein von der Paracelsusstraße durch eine Mauer aus Abbruchziegeln abgeschiedener Innenhof mit einem Apfelbaum. Der S-förmige Flur im Erdgeschoss des Anbaus führt an Sitznischen mit Hofaussicht entlang zur Kapelle. Wie ein Futteral mit Ahornholz ausgeschlagen, hat der Andachtsraum eine ganz eigene Atmosphäre, die von der Lichtführung unterstützt wird. Kleine Fenster in Fußbodenhöhe, bei Lederer + Ragnarsdóttir + Oei immer wieder anzutreffen, machen die Wand als Volumen erlebbar.

Die beiden Obergeschosse mit den Gastzimmern sind über ein hohes, einläufiges Treppenhaus zu erreichen, das den Bogen des Baukörpers nachzeichnet und mit seinen Sichtbetonwänden und dem Oberlicht aus runden Okuli eine suggestive Raumwirkung mit einem Weg hinauf zum Licht entwickelt.

24 Einzelzimmer sind in der „Schlange" auf zwei Geschossen aufgereiht. Während in den Gemeinschaftsbereichen die Farben des Materials vorherrschen, überraschen in den ansonsten spartanisch eingerichteten Zimmern Mintgrün und Apricot als die Stimmung der Räume beherrschende Akzente. Eine Fensteröffnung in der Trenn-

A triangular-shaped site between two busy streets would normally be considered "unfortunate", however, in this case it actually turned out to be opportune for the architects. They did not wish the plain, rectilinear, orthogonal 1960s modernity of the old building to set the standards for their new addition. Lederer + Ragnarsdóttir + Oei decided to add an S-shaped curving wing to the academy building and a diagonal hall to the south-facing side. They created a *hortus conclusus*, an enclosed garden with an apple tree, separated from Paracelsusstrasse by a wall made of broken brick. The S-shaped hall on the ground floor leads, past alcoves with views of the garden, to the chapel. Like a maplewood-lined case, the vestry's own very special atmosphere is fostered by its lighting. Small floor-height windows, typical of Lederer + Ragnarsdóttir + Oei, make tangible the volume of its walls.

Both of the upper floors accommodating visitors' rooms are accessible via a long single flight of stairs which follows the curve of the building volume. The spatial impact of its fair-faced concrete walls and round oculus skylights suggestively transform it into a path up towards the light.

Twenty-four individual rooms are lined along the two floors of the "serpentine". While materiality prevails in the common spaces, surprisingly, mint green and apricot are the accents which dominate the atmosphere of these otherwise minimalistic rooms. An opening in the bathroom wall delivers daylight, creating a completely different atmosphere to the usually artificially lit hotel bathroom. Wicker railings characterise the balconies of the visitors' rooms

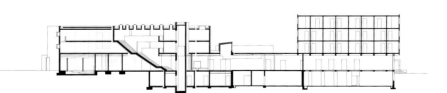

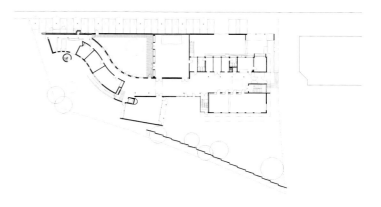

wand zum Bad sorgt für Tageslicht und eine andere Atmosphäre als jene in den üblichen, mit Kunstlicht erhellten Nasszellen in Hotels. Die Balkone der Referentenzimmer haben eine Brüstung aus Weidengeflecht und erinnern mit ihren ungewöhnlichen halbrunden Körben an das Erlebnis des Schwebens beim Ballonfahren.

Ein ganz normales Haus mit keineswegs aufregenden Nutzungen und Raumabfolgen haben die Architekten mit einfühlsamen Ideen zu einem angemessenen Ort der Besinnung gemacht. Aber sie haben es auch mit eigenartigen Formen und ungewöhnlichen Materialien pointiert und individualisiert und ihm auf diese Weise ganz unangestrengt ein unverwechselbares Gesicht gegeben.

and their unusual rounded baskets recall the experience of floating in a hot air balloon. The architects' sensitive approach has made a fitting place of refection of a normal building whose function and spatial organisation are not particularly exciting. Their unusual use of shapes and materials to pronounce and individualise it, has effortlessly provided it with a unique face.

WALDORFSCHULE, VILLINGEN-SCHWENNINGEN
STEINER SCHOOL, VILLINGEN-SCHWENNINGEN

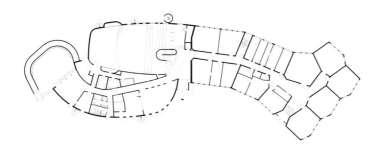

Von außen ist der 1985 sichtlich unter ökonomischen Zwängen entstandene Altbau kaum als Waldorfschule zu erkennen. Die typischen stumpfen Winkel treten hier nur im Grundriss auf. Zum Glück, denn so konnten Lederer + Ragnarsdóttir + Oei bei ihrem Erweiterungsbau Elemente wie die Bandfenster für ihr Obergeschoss übernehmen. Die polygonalen, auf der Waldorflehre basierenden Formen der typischen Waldorfarchitektur wollten sie sich nicht zu eigen machen. Stattdessen führten sie den Grundriss in organisch abgerundeten, geschwungenen Formen weiter, jedoch in derselben Absicht wie die früheren Waldorf-Architekten, die Herrschaft des rationalen rechten Winkels zu meiden und den Kindern eine natürlichere, emotional besetzte Formenwelt zu offerieren.

From the outside, the original Steiner school building—erected in 1985 under obvious financial constraint—is hardly recognisable as such. Blunt angles are only to be found in the ground plan of this building. Luckily for Lederer + Ragnarsdóttir + Oei this left them room to apply elements such as the ribbon window in the top floor of their extension. They were not keen on adopting polygonal shapes so typical of Steiner architecture and based on Steiner principles. Instead their addition extended the organically rounded curving shapes of the ground plan with the same intentions as the original Steiner architects: to avoid domination of rational orthogonal angles and to provide the children with a more naturally, emotionally shaped world.

Der neue Saalbau fügt sich an den bestehenden Baukörper an, gefolgt von einem Trakt mit Klassenzimmern im Obergeschoss sowie Speisesaal und Hort im Erdgeschoss. Am Ende schließt sich eine geschwungene Rampe an, die schützend den Hof des Horts umfängt und sich rückwärtig zum Klassentrakt hinaufschwingt.

„Nase" wird jeder denken, der des rauchfangartigen Vordachs über dem Nebeneingang gewahr wird. Auch andere Nebensächlichkeiten wie die Wasserspeier mit dicker Ablaufkette und elegant geformten Sickerbecken oder das Fluchttreppenhaus in Turmform gewinnen ein gestalterisches Gewicht, das ihnen eigentlich nicht zustünde. Doch ist das Prinzip zu erkennen, aus jedem Element Funken zu schlagen, um eines zu vermeiden: Monotonie und Sprachlosigkeit. Das Haus hat mit seinen Ecken und Nischen und mit seiner pro-

The new assembly hall building connects to the existing building volumes and is followed by a wing accommodating classrooms on the upper floor and a dining hall and after-school care on the ground floor. A ramp connects to its end and protectively circles around the after-school care playground before swinging back up to the classroom wing.

"Nose" is the first image that comes to mind on sight of the chimney-like projecting roof above the side entrance. Other minor elements such as a water spout with thick sequence cascade and elegantly shaped drip basin or a tower-shaped fire escape have been endowed with a level of creativity normally not given to such things. In a quest to avoid monotony and lack of expression, something special has been made of every element of this building. Its cor-

grammatisch-fröhlichen Farbgebung vor allem für Kinder intensive Anmutungsqualitäten. Sonnenblumengelb strahlt der Rollputz, hellgelb die Fensterfaschen des Obergeschosses, gelb durchgefärbt der Lehmputz im Inneren. Vor die unregelmäßig verteilten Fenster des Saales montierte Glasscheiben in verschiedenen Farben schmücken die Fassade von außen und projizieren in der Art von Le Corbusiers Kapelle in Ronchamp bunte Lichter in den Saal. Die bewegte Dachlandschaft ist auch in der Untersicht der Saaldecke wahrzunehmen und belebt den Raum.

Viele Ideen aus Rudolf Steiners organischer Architekturlehre sind in den Bau eingeflossen, freilich in für Waldorfschulen neuer, überraschender Form. Doch mit diesem neuen Formenspiel werden sich die Waldörfler rasch anfreunden.

ners and alcoves are cheerful in colour and intensely child-friendly in quality.

Its roller plastering radiates a sunflower yellow, the trims around the windows of its upper floor are light yellow and the interior clay plastering has been coloured yellow. Different coloured panes of glass mounted in front of the irregularly distributed windows decorate the façade on the outside and project bright light into the hall in a similar way to Le Corbusier's chapel in Ronchamp. An animated roof landscape also livens up the ceiling of the hall below it.

Lots of the ideas that originate from Rudolf Steiner's teachings of organic architecture have been integrated into this building, admittedly in unusual ways for a Steiner school. However, Steiner followers are sure to quickly adjust to these new plays of shape.

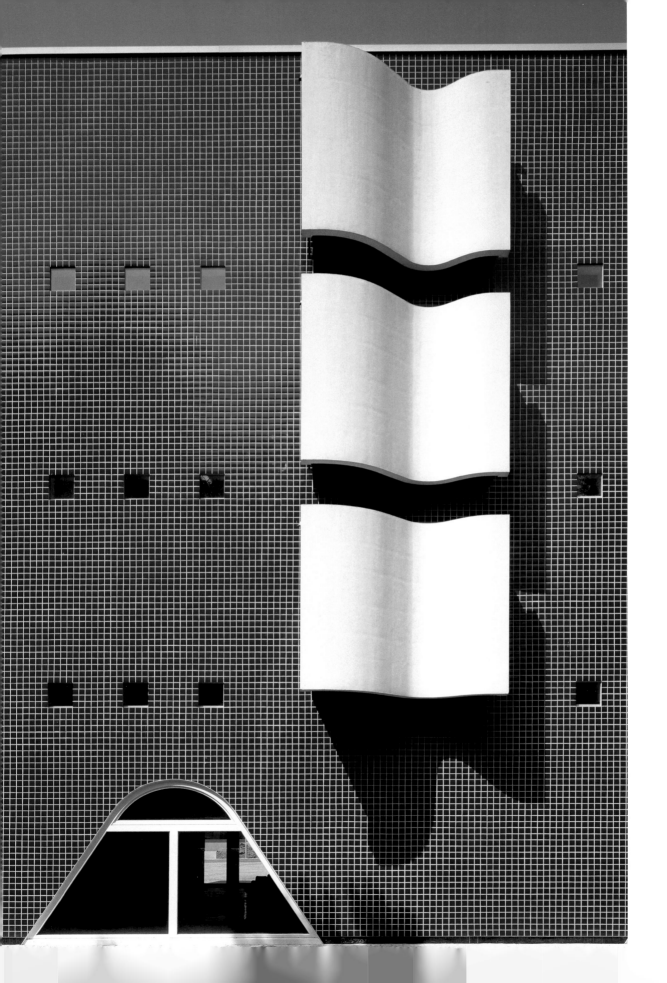

GUSTAV-VON-SCHMOLLER-SCHULE, HEILBRONN
GUSTAV VON SCHMOLLER SCHOOL, HEILBRONN

Der Unterschied springt dem ins Auge, der sich in den Innenhof zwischen dem Altbau aus den siebziger Jahren und dem Erweiterungsbau begibt. Trotz Glasfassade abweisend, unpersönlich der eine, einladend, menschlicher wirkend der andere, und man kommt ins Sinnieren, woran das liegen mag. Es sind wohl Eigenheiten wie die kleinmaßstäblichere Gliederung, die Ablesbarkeit einzelner Fenster und die offenere Erdgeschosszone, die eine Rolle spielen mögen. Ansonsten ist der Neubau, dessen ursprünglicher Entwurf von einem anderen Architekten stammt, von ähnlicher Pragmatik geprägt wie der Bestand: ein im Grundriss L-förmiger Trakt mit einhüftig erschlossenen, gereihten und gestapelten Klassenräumen, die üblichen, langen Schulhausflure inbegriffen.

„Ein Kunstwerk, kein Zweckbau" so urteilt jedoch der Rektor über den Neubauteil seiner kaufmännischen Berufsschule. Dass Architektur auch rationalistische Kunst sein kann, erschließt sich nicht jedem Zeitgenossen auf Anhieb. Vielleicht kam ihm der Gedanke beim Gang durch die Flure, die auf den ersten Blick nichts als eine einhüftige Erschließung aufgereihter Klassenzimmer sind. Doch schimmern die Flure je nach Stockwerk in diffusem rötlichem, gelblichem oder grünlichem Licht. Der Effekt ist den Sitznischen gegenüber den Zimmertüren zu verdanken, deren geschwungene Wände die kräftigen Farben tragen. Sie reflektieren das durch seitliche

The difference immediately becomes obvious to anyone standing in the yard between the original 1970s building and the new extension. Despite a glazed façade, one is repellent and impersonal while the other is inviting and seems humane. This appears to be caused by such idiosyncrasies in the extension as small-scale structuring, individually legible windows and an open ground floor level. Apart from that, the new building, which was originally designed by another architect, seems to be characterised by a pragmatism similar to the original one; in plan it is an L-shaped wing of one-sided accessibility to its rowed and stacked classrooms and commonly long school house corridors.

"A work of art, not a merely functional building" says the rector of the new extension to his vocational school of commerce. Not all of our contemporaries realise right away that architecture can also be rationalistic art. Maybe that thought entered his mind while passing through the corridors, which at first glance appear to have no other function than to provide one-sided access to a row of classrooms. However, depending on what storey you are on, the corridors shimmer in diffused reddish, yellowish or greenish light. This effect is produced by alcoves opposite the classroom doors whose curving walls carry the strong colours. They reflect the light which comes through the windows on the side, correspondingly tinged, into the

Fenster einfallende Licht entsprechend getönt in den Flur. Nachts leuchten die Farben dann von innen nach außen. Zusätzliches Licht erhalten die Flure durch kleine Fensterchen in Fußhöhe und werden dadurch räumlich kunstvoll akzentuiert; auch diese Idee ist nicht gerade naheliegend.

Ein weiteres formales Ausrufezeichen sind die ungewöhnlichen dreieckigen Erdgeschossfenster mit segmentbogenförmig abgerundeter Spitze. Sie belichten den Flur im Erdgeschoss, der durch diese archaische Fensterform, durch die Bodenbeläge aus Solnhofener Platten und den marmorierten Sichtbeton der Pfeiler und Decken einen völlig anderen, erdenschweren, bergenden Charakter erhält. Er verbindet die Pausenhalle mit der Bibliothek, öffnet sich zur Aula und mündet am Nordgiebel in das Foyer und den separaten Eingang, die dem Saal zugeordnet sind.

Mit konventionellen, ja alltäglichen Mitteln Ungewohntes mit den gewünschten Eigenschaften zu entwickeln, war auch die Methode, mit der die Architekten zur Außenfassade gekommen sind. Langlebige, intensiv dunkelblaue Fliesen sind es in diesem Fall, die dem

corridors. At night the colours are lit up from the inside. Little windows at floor level light and artfully accentuate the corridors; perhaps not the first solution that would spring to mind.

The unusual ground floor triangular windows with segmental arch-shaped rounded tops deliver yet another formal surprise. They provide light to the ground floor corridor whose archaic window shapes, Solnhof floor coverings and marbled fair-faced concrete columns and ceilings give it a heavy earthly character. It connects the breaktime hall to the library, opens up onto the assembly hall and ends at the foyer and the separate entrance to the main hall at the north gable end.

The architects also developed an unusual façade using conventional, common means. They applied durable, intense dark blue tiles, promising the client low maintenance costs in the long run and giving the building its unique character. The eastern façade, which has been largely closed to provide noise protection against the busy Bahnhofstrasse, looks particularly unusual with its white wavy alcoves and triangular windows (the building opens up towards the

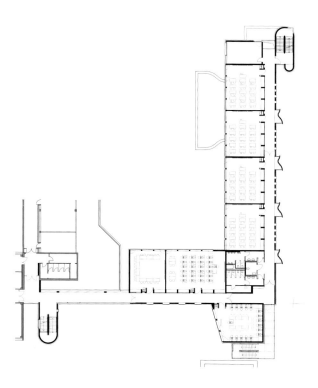

Bauherrn geringe Unterhaltungskosten auf Dauer versprechen und die ganz nebenbei dem Bau ein charaktervolles Gesicht verleihen. Das gilt vor allem für die aus Lärmschutzgründen gegen die stark befahrene Bahnhofstraße weitgehend geschlossene Ostwand mit den sich außen als weiße Wellen abzeichnenden Sitznischen und den Dreiecksfenstern (das Gebäude öffnet sich zum ruhigeren Pausenhof). Die Idee mit den Fliesen war nicht weit hergeholt, denn auch der Sockel des Altbaus nebenan trägt solche Fliesen.

Das Motiv der Welle taucht nochmals als Außenwand des überdachten Pausenbereichs, als Seitenwand der Aula im Erdgeschoss und beim alten Eingangspavillon auf. Die zugunsten größerer Raumhöhe etwas tiefer gelegte Aula als dynamisches Sonderelement tritt ebenso aus dem Hauskörper heraus wie die Treppenhäuser mit ihren zylindrisch abgerundeten Volumina.

Diesen ungewöhnlichen Schulbau mit dem Spitznamen „Hallenbad" und den wohlgestimmten Innenräumen wird jeder Absolvent trotz der relativ kurzen Berufsschulzeit bestens in Erinnerung behalten.

interior yard). The tile idea was not that far-fetched as such tiles also cover the base of the original neighbouring building.

Waves reappear in the outside wall of the roofed-in break-time area, in the side wall of the assembly hall and at the old entrance pavilion. The assembly hall, lower lying to increase its clearance height, is a special dynamic element that juts out of the main building volume as do cylindrical stairwells.

This unusual school building, nicknamed "indoor swimming pool" and its well-tuned interior spaces is sure to remain in the minds of its graduates despite the relatively short length of their stay at the vocational school.

GRUND- UND HAUPTSCHULE IM SCHARNHAUSER PARK, OSTFILDERN
SCHARNHAUSER PARK PRIMARY AND SECONDARY SCHOOL, OSTFILDERN

Der Schulbau am Rand des neuen Stadtteils Scharnhauser Park wirkt irgendwie elegant – und gleichzeitig roh, archaisch. Das ist vor allem dem Baumaterial zu verdanken, den kraftvollen Backsteinwänden, die das Erscheinungsbild der Anlage bestimmen. Die Architekten haben den billigsten Ziegel geordert, den sie finden konnten, einen wunderbar ungleichmäßigen, natürlich wirkenden, lebendigen Stein, und haben ihn mit ebenso groben, fetten Fugen vermauern lassen, mit verblüffender, eindrücklicher Wirkung.

Dagegen stehen schwarze Fenster, zinkgraue Gitter und Sheddächer sowie Vordächer aus Beton. Voraussetzung für eine noble Wirkung einfacher (und preiswerter) Baustoffe ist deren makellose Verarbeitung, die saubere Detaillierung. Vor allem im Inneren, wo naturgemäß unterschiedliche Materialien aufeinander treffen, kommt es auf die Fügekunst an. Dann wird der Sichtbeton durch präzise Bautechnik geadelt. Dann wirken simple Holzleisten, zu Lamellenpaneelen arrangiert, wie Mahagonivertäfelung. Dann scheinen einfache Leuchten, maßgenau platziert und in das Ausbausystem eingebunden, wie aus dem Design-Shop. Dann strahlen die Räume eine Ruhe und Gelassenheit aus, die gewiss auch pädagogische Wirkung erzielt und den Ordnungssinn entwickelt. Einen besseren Graffitischutz gibt es nicht. Alles in dieser Schule sieht normal und selbstverständlich aus, Ergebnis nicht nur perfekter Ausführungsplanung, sondern auch intensiver Bauleitung.

Die Architekten sehen das Schulgebäude als eine Stadt, eine durchaus plausible Metapher, betrachtet man den ungemein disziplinierten Grundriss, dessen breite axiale Flurzone Straßenfunktion hat und sich zu Plätzchen erweitert. Damit begründen die Architekten ihre Entscheidung, auch im Inneren grob zu mauern, diesmal sogar tragend, nicht als hinterlüftete Vorsatzschale, mit atmosphärischen Qualitäten von unerwarteter Dichte.

This school building on the outskirts of the new town district of Scharnhauser Park appears elegant yet brutal and archaic, a result of the powerful brick walls that primarily characterise the complex. The architects ordered the cheapest brick that they could find, a wonderfully uneven, lively, natural-type stone; it was laid with equally coarse thick joints to striking, impressive effect.

It is contrasted by black window frames, zinc grey railings and saw-tooth roofs as well as projecting roofs of concrete. Simple (and cheap) building materials can only appear noble when immaculately worked and neatly detailed. Joining must be completed with particular care inside a building, where various materials usually tend to meet. Precise workmanship can ennoble fair-faced concrete and can endow on plain wooden boarded slatted panelling the charm of mahogany panelling. Simple lamps, arranged precisely and integrated into an interior design concept, can be made to look as if they have come off the shelf of a design shop. Such rooms emanate a calmness and serenity beneficial to education and allow the mind to develop a sense of order, also implicitly providing the perfect protection against graffiti. Everything about this school seems natural and self-evident, the result of both precise implementation planning and intensive construction management.

This school building has been designed by the architects along the principles of a town, an absolutely plausible metaphor considering its extraordinarily disciplined ground plan and its wide axial hall area with street function that broadens into little squares. The architects' decision to also use brickwork, albeit load-bearing, on the interior of the building was inspired by their town metaphor and brings with it unexpected atmospheric qualities when compared to the rear-ventilated brickwork facing on the exterior.

The sports hall has been well incorporated into the topography, of

Die Sporthalle ist in die Topografie eingebunden, in das östlich vom Gleiskörper der Stadtbahn bogenförmig begrenzte Grundstück, in die Hangneigung, die die Architekten zu Rampen, Terrassen und Rasentreppen animierte. Eine mächtige, wehrhafte Backsteinmauer folgt dem Bogen des Bahngleises und bildet die östliche Grenze von Schulareal und Wohngebiet, eine kraftvoll artikulierte Stadtkante. Die Sporthalle erhält ihr Tageslicht durch archaische, parabelförmige Öffnungen in der Ostwand und, kaum weniger dramatisch, über sieben runde Türme aus (leider nicht durchsichtigen) Glasbausteinen auf dem bespielbaren Hallendach.

Markantestes Detail ist der gemauerte Doppelschlot an der Flanke der Turnhalle. Wer denkt dabei nicht an Aldo Rossis Archetypen?

the site, whose curved boundary is formed by urban rail lines to the east, and into the slope, which the architects have animated using ramps, terraces and lawn steps. A mighty, protective brick wall traces the curve of the railway lines forming the eastern border between the school and the residential area, a powerfully articulated urban boundary. Archaic, parable-shaped openings in the eastern wall provide the sports hall with daylight as do, just as dramatically, seven round towers of (unfortunately not transparent) glass blocks on the playable hall roof. Its most striking detail is the brick double-chimney on the flank of the gymnasium. Who wouldn´t be reminded of Aldo Rossi's archetype? or of the ovens of a brickworks? "Chimneys" should actually be out of place here at a sportshall;

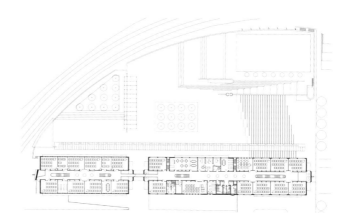

Oder an die Öfen einer Ziegelei? Hier an der Sporthalle haben „Schornsteine" eigentlich nichts zu suchen, es sind jedoch Abluftrohre von überzeugender Kraft und Schönheit.

Hin und wieder haben Lederer + Ragnarsdóttir + Oei einen heimlichen Hang zum Pathos und hier sind es die Schlote oder die Ausluge mit Schielung oder die Rundformen mit Fahnenmast obenauf. Es sind sparsam gesetzte, zeichenhafte, poetische Akzente, die oft genug das charakteristische Spezifikum der Architektur darstellen und für Wiedererkennung auch bei Laien sorgen. Auch von diesem Schulhaus von Lederer + Ragnarsdóttir + Oei werden die Schüler noch in fünfzig Jahren ein signifikantes Bild vor Augen haben.

however, in this case they are disguised ventilation flues of persuasive power and beauty.

Now and then, Lederer + Ragnarsdóttir + Oei architects expose a secret disposition towards pathos, which is in this case emanated by the chimneys, the lookouts and the rounded volumes topped off by a flagpole. These are sparingly applied, emblematic poetic accents often used to express characteristic specifics of architecture; they are even familiar to the layman. The unique image of this Lederer + Ragnarsdóttir + Oei school building will remain fresh in its pupils' minds in fifty years to come.

SANIERUNG STAATSTHEATER, DARMSTADT RENOVATION OF HESSIAN STATE THEATRE, DARMSTADT

Im ursprünglichen Auftrag war nur von der Sicherung des Brandschutzes und der Optimierung der Betriebssicherheit die Rede, doch am Ende der engagierten Arbeit der Architekten ging es um viel mehr – vor allem auch um den Städtebau.

Viel Staat war nicht mehr zu machen mit dem Staatstheater. Die traditionsreichen Darmstädter Bühnen – ihre Geschichte reicht bis in die Zeiten Landgraf Ludwigs V. im frühen 17. Jahrhundert zurück – hatten 1972 einen großzügigen Neubau bekommen, ein Dreispartentheater mit Großem und Kleinem Haus, eine der geräumigsten Bühnen Deutschlands samt üppigem Raumprogramm für Werkstätten und Requisite. Der von Rolf Prange entworfene größte bundesdeutsche Theaterbau, alsbald bedrängt vom Tunnelschlund einer Tiefstraße und ins Abseits geraten durch die pusselige Grünanlage des Georg-Büchner-Platzes, hatte mit der Stadt nicht mehr viel zu tun. Kommt man aus Richtung Bahnhof, ist die 300 Meter lange Nordseite mit Laderampen, Kellertoren und Müllcontainern zu passieren, bevor eine schrundige Betonstiege zum Vorplatz hinaufführt. Die Marmorfassade bröckelte und die Hauptfassade schien es da rauf anzulegen, die Besucher gründlich zu verschrecken.

In Zeiten der autogerechten Stadtplanung errichtet, entwickelte das Haus so gut wie keine Bindung zu den umgebenden Stadtquartieren. Erreichbar war es eigentlich nur über eine vierspurige unterirdische Vorfahrt und eine gigantische, düstere Tiefgarage, die an eine Gruselfilmkulisse erinnerte.

Zunächst hatten die Architekten mit einem Budget von 69 Millionen Euro die Technik auf Vordermann zu bringen, wobei die gesamte Bühnenmaschinerie des Großen Hauses erneuert, die des Kleinen Hauses saniert, der Brandschutz umfänglich verbessert und marode Installationen ersetzt werden mussten. Was die Architekten allerdings mehr reizte, waren die architektonischen Defizite, war das erbärmliche Aussehen, war die miserable Erschließung des

The brief was to improve fire protection and optimise operational safety; however by the time the architects had completed the task, to which they were extremely committed, it had become much more – mainly urban planning. It would have been impossible to make the state theatre statelier. In 1972, a generous extension was added to the Darmstadt stages, which were rich in tradition – dating back to the rule of Louis V in the early 17th century. The former included a three-sector theatre with main and secondary auditorium and one of Germany's most expansive stages complete with an exuberant spatial programme for workshops and props. The Federal Republic of Germany's largest theatre building, designed in an era of car-friendly urban planning by Rolf Prange, provided practically no connection to the surrounding urban area. Besieged by the tunnelled abyss of a low-lying street and pushed aside by the cramped green area of Georg Büchner Square, its main access was via a multi-lane underground roadway and a gigantic gloomy underground car park reminiscent of a horror movie set. From the train station side, one passed the 300-metre long north façade with its loading ramps, gates to the basement level and refuse skips before being led up to the forecourt via a shabby concrete stairway. The marble façade was crumbling and the main façade seemed determined to properly scare away visitors.

Initially the architects' task was to spruce up all of the technical facilities with a budget of 69 million. This was to include a complete reconstruction of the whole stage system in the main auditorium and a regeneration of the same in the secondary auditorium, extensive improvement of fire protection facilities and replacement of worn-out fittings. However, the architects were more fascinated by the architectural deficits, the theatre's pitiful appearance and its miserable accessibility. Why were four access roads needed on the bottom level? They decided that one would do and suggested

HAUPTFASSADE, TIEFGARAGENVORFAHRT, AUFGANG UND FOYERTREPPE NACH DEM UMBAU MAIN FAÇADE, CAR PARK ACCESS AREA,

Theaters. Wozu die vier Vorfahrten im Sockelgeschoss? Eine reicht, beschlossen sie und schlugen vor, den gewonnenen Raum anders zu nutzen, zum Beispiel für die Erweiterung der Kantine und Magazine und für einen weiteren Theatersaal. Diese Entscheidung stand im Zusammenhang mit der Notwendigkeit, für die Bauzeit eine Ausweichspielstätte bereitzustellen, etwa ein Theaterzelt auf dem Georg-Büchner-Platz. Nach einer überschlägigen Kostenschätzung und wegen der schwierigen akustischen Voraussetzungen in einem Zelt schlugen die Architekten vor, die opulente Tiefgarageneinfahrt zu verkleinern und dort einen Interimssaal einzurichten, der dann auf Dauer bleiben konnte. Leuchtende Glasbausteinwände verwandeln die graue Garageneinfahrt und die Vorfahrt in ein helles Entree, und wenn jetzt noch die Tiefgarage weiß getüncht und ordentlich beleuchtet wird, kann man auch die Zufahrtsituation für Autofahrer als in Ordnung gebracht ansehen.

Der neue multifunktionale Saal für 240 Zuschauer bei Tribünenbestuhlung und 400 bei flachem Auditorium war die zündende Idee, denn so konnte man sich während der Sanierung ein Interimszelt sparen. Inzwischen firmiert er als „Kammerspiele" und kann in ver-

putting the extra space to different use by extending the canteen and the storage rooms and by providing further stage space. This decision was mainly due to the fact that an alternative venue had to be provided during reconstruction, the first idea being a theatre tent on Georg Büchner Square. Having roughly estimated the costs of a tent and considering the acoustic difficulties that it would cause, the architects suggested reducing the size of the opulent car park entrance and installing a temporary stage there, which actually ended up being made permanent. Glowing glass brick walls have transformed the grey car park entrance and the access area into a bright approach and when the underground car park has been white-washed and properly lit, the tidy-up of the car entry area will be complete.

The new multi-functional hall which seats 240 when fitted with terraced seating and 400 as a horizontal auditorium was the perfect idea as it saved erecting a tent structure for performances during reconstruction of the remainder of the building. It has since become firmly established for "intimate theatre" and it can be oriented in different directions, reducing scenery transport and set-up time.

HAUPTFASSADE, TIEFGARAGE UND FOYER VOR DEM UMBAU MAIN FAÇADE, CAR PARK AND FOYER BEFORE THE RENOVATION

STAIRCASE AND FOYER STAIRS AFTER THE RENOVATION

schiedene Richtungen bespielt werden, was Kulissentransporte reduziert und Umbauzeiten verkürzt.

Zum Großen und Kleinen Haus führt der Weg nach oben. Tageslicht fällt nun durch das neue Treppenhaus herab und lockt durch die dramatisch geschwungenen Treppenläufe hinauf ans Licht. Aus der Unterwelt aufgetaucht, findet sich der Besucher in einem Eingangsbauwerk wieder, das die Architekten dem Altbau einfach vorangestellt haben. Ein Torbau wie bei Sempers Theaterentwurf für Rio schwebte den Architekten vor, der das Bindeglied zur Stadt bilden soll. Dieses Tor aus schneeweißem Beton ist die Attraktion des runderneuerten Baus, mit drei Messingtüren zu ebener Erde, überragt von einer geschwungenen Altane, die vieles zugleich ist: Balkon, Spielort, Musikpavillon, Willkommensgeste. Die schwarzen Tore werden abends geöffnet wie die Türchen eines Adventskalenders, der Bau leuchtet einladend in die Stadt und empfängt die Besucher mit offenen Armen. Das „nutzlose" Element bringt den entscheidenden ästhetischen Mehrwert und verwandelt die zuvor abweisende, nahezu geschlossene Seite in eine der Stadt zugewandte Schaufassade mit repräsentativem Charakter. Könnte

An upward path leads to the main and secondary auditoria. Daylight now falls through the new stairwell from above, working in combination with the dramatically swung staircase to entice one up toward the light. Having emerged from the underworld, the visitor arrives in an entrance building which the architects simply placed in front of the old structure. They had a gateway building in mind, as in Semper's design for a theatre building in Rio, which was to be the connecting element to the city. This snow-white concrete gateway is the main attraction of the remoulded building with three brass doors on the ground floor level surmounted by a curved balcony that simultaneously serves as a balcony, a stage, a music pavilion, a welcoming gesture. The black gates are opened in the evenings like advent calendar doors; the building shines out towards the city and receives its visitors with open arms. This "useless" element provides decisive aesthetic value and transforms the formerly repellent, almost closed side into a show façade of representative character oriented towards the city. Perhaps someone could arrive on foot after all and would hope to be welcomed appropriately. At least pedestrians now have the op-

ja sein, dass doch jemand zu Fuß kommt und entsprechend emp-
fangen sein möchte. Dem Fußgänger wird jedenfalls ein Angebot
gemacht, das Theater zu begehen, denn das autogerechte Theater
ist heute nicht mehr gefragt; auch die Vorfahrt mit dem Taxi wird
nun zur angemessenen Inszenierung.

Nur zwölf Prozent der Bausumme konnten für „Architektur" aus-
gegeben werden, für die Reparatur der Marmorfassaden etwa.
Da eine Erneuerung das Budget gesprengt hätte, werden marode Steintafeln jeweils durch Messingplatten ersetzt. Durch die mit
der Zeit wachsende Zahl der „Goldplomben" wird sich das Bild der
Fassade kontinuierlich ändern. Manche der alten Marmorplatten
fanden, aufgearbeitet und frisch poliert, im Inneren Wiederverwen-
dung, an der Abendkasse und an Pausentresen.

Der ganze Foyerbereich ist nunmehr zum Platz hin hell verglast und
hat eine deutliche Auffrischung erfahren. Die Umkleidespinde mit
Hallenbadcharme verschwanden im Keller und wurden durch weiße, auf Lichtkissen schwebende Spindschlangen ersetzt. Ein derart

tion of entering the theatre; car-friendly theatre is not as sought-after today as it used to be. Arrival by taxi has now also been staged
befittingly.

Only twelve percent of the building costs were spent on architecture, on repairs to the marble facade. As a complete renewal
would have surpassed budgetary limits, damaged sheets of stone
were replaced by brass plates. As time goes by the amount of
"gold fillings" will increase, keeping the façade in constant move-
ment. Some old marble sheets were restored, freshly polished
and then used in the interior of the building, for example at the box
office and the break time bar.

The whole foyer area is now glazed towards the square and has
thus been significantly freshened up. The old lockers of swimming
pool-like charm were relegated to the cellar and replaced by white
serpent-like lockers floating on cushions of light. Such a blazing
white foyer fitted with acoustically hard materials is not typical
of theatre building; however its spatial extravagance and the par-

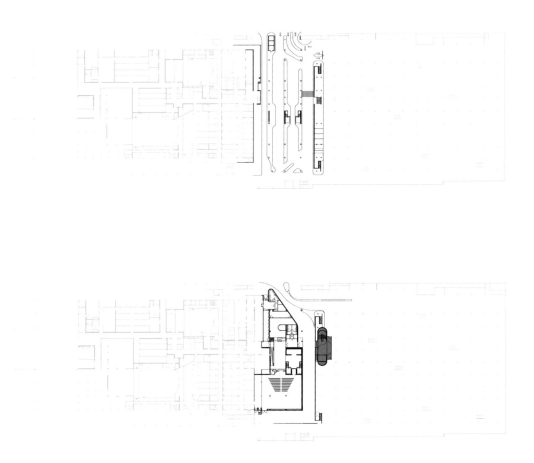

gleißend weißes Foyer mit akustisch harten Materialien ist im Theaterbau durchaus nicht üblich und nur deshalb nicht unangenehm, weil es verschwenderisch mit Raum umgeht und ein Architekturerlebnis besonderer Art zu bieten hat. Die Decken der ebenso großzügigen Treppenaufgänge blieben aus Kostengründen unverkleidet und wurden nur schwarz „weggestrichen". Den Raumeindruck bestimmen jedoch die von den Architekten entwickelten pastellfarbenen Deckensegel, die untergehängt wurden und indirekt angestrahlt als Leuchten dienen. Die beiden Säle, mit immerhin 984 Plätzen der große und 482 Plätzen der kleine, blieben architektonisch unverändert. Das funktionalistische Konzept Rolf Pranges aus den siebziger Jahren hatte sich letztlich bewährt. Lediglich im Kleinen Haus wurden elegant geformte neue Sitze eingebaut.

Die fantasievolle und mustergültige Sanierung und Aufwertung des Baus wird erst abgeschlossen sein, wenn die Nordseite, die Tiefgarage und schließlich der Georg-Büchner-Platz nach den Vorstellungen der Architekten in Ordnung gebracht worden sind.

ticular architectural experience it provides prevent it from being unpleasant. Financial considerations led the ceilings of the equally generous stairwells to be left exposed and to only be "painted away" in black. However, hanging pastel-coloured roof sails determine the spatial atmosphere and, through indirect illumination, serve as lights. The two auditoria, the large with 984 seats and the small with 482 seats, have remained architecturally unaltered. Rolf Prange's 1970s functional concept has proven successful. Only in the small auditorium elegant seats were installed.

This imaginative and immaculate renovation and upgrading of the building will only be fully complete when the north side, the underground car park and finally Georg Büchner Square have been tidied up according to the plans of the architects.

FECO FORUM, KARLSRUHE

Büromöbel, mit denen man handelt, sollen zu sehen sein, und Systemtrennwände, die man selbst herstellt, ebenso. Das Feco-Forum ist Kundenzentrum und Verwaltungsgebäude zugleich, Ausstellungsraum und Arbeitsplatz für die Mitarbeiter. Der Bauherr wünschte sich eine emblematische Architektur, die die Kunden – Facility Manager, Bauherren, Architekten – mit einem Architektur- und Raumerlebnis anspricht. Ein in tiefschwarzes Wellblech gekleideter Zwillingsrundturm tritt aus der Fassade hervor. Er enthält das Treppenhaus und Besprechungsräume. Die Schaufenster im Erdgeschoss sind sägezahnförmig versetzt und wenden sich so dem ankommenden Besucher zu.

Im Inneren steigt der große Raum um das von Oberlicht erhellte Atrium in Terrassen an. Er bildet auf diese Weise eine Vielzahl von Ebenen und unterschiedlichen räumlichen Situationen, die zu Ausstellungszwecken jeweils anders möbliert werden können. Der ungewöhnliche Raum erhält seinen Charakter auch durch die verschiedenen Lichtführungen durch Fenster und Oberlichte, Frontal- und Streiflicht. Im zweiten Obergeschoss reihen sich Einzelbüros rings um das Atrium, in denen das Trennwandprogramm und die Möbelsortimente im Arbeitsalltag besichtigt werden können. Das zweite Obergeschoss besteht nurmehr aus einem einhüftig erschlossenen Riegel von Einzelbüros mit Fensterzone zum Dachgarten.

Their own office furniture and partition walls of their own making were to be on display. The Feco Forum is a customer centre and an administration building, an exhibition space and a place of work for staff members. The client wanted distinctive architecture that would attract customers – facility managers, building owners and architects – through its architectural and spatial appeal.

A twin round tower clad in deep black corrugated iron protrudes from the façade. It accommodates a stairwell and consultation rooms. The ground floor display windows are arranged in sawtooth fashion to welcome the approaching visitors.

On the inside, a large space ascends in terraces from the sky-lit atrium. It forms multiple levels and diverse spatial situations which can each be furnished differently for various exhibitions. This unusual space gets its character from different light sources; from the windows and skylights, frontal and strip lighting. On the second floor individual offices are located around the atrium allowing partition walls and a range of furniture to be viewed in everyday use. The third floor now consists of a row of individual offices with one-sided access and a window area to the roof garden.

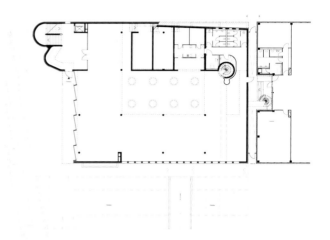

UMNUTZUNG UND ERWEITERUNG FINANZAMT, REUTLINGEN
CONVERSION AND EXTENSION OF REVENUE OFFICE, REUTLINGEN

Ein neoklassizistischer und ein in einem merkwürdig barocken Jugendstil gekleideter Fabrikbau waren für das Finanzamt zur Nutzung vorgesehen. Die beiden Altbauten und die Reste eines dritten standen unter Denkmalschutz und sollten durch Anbauten auf etwa die vierfache Nutzfläche gebracht werden. Die Architekten wählten eine eigene Architektursprache, eine mit neuen Motiven vorsichtig angereicherte Moderne eines Erich Mendelsohn, Wassili Luckhardt oder Martin Punitzer. Und sie griffen zu einem eigenen, neuen Material, anthrazitfarbenem, „keramischem Klinker", und setzten ihn ein wie bei massivem Mauerwerk, mit grafisch wirkungsvollem Fugennetz, ohne dem Maurer kunstfertige Verbände abzufordern. Dieses dunkle, ruhige Mauerwerk kleidet den Neubautrakt entlang der Kaiserstraße und den rund vorgewölbten Kopf am Leonhardsplatz und verleiht ihm das angemessene optische Gewicht. Die weniger bedeutsamen Fassaden der beiden Flügel im Blockinnenbereich sind schlicht und sparsam weiß verputzt. Gleichzeitig entwickelt sich durch den Materialwechsel eine Hierarchie der Blockgliederung. Akzentuiert wird das Ensemble durch elegant schwebende Vordächer, durch Rundfenster an entscheidender Stelle, durch pointiert gesetzte Fahnenmasten.

Die Eingangshalle mit ihrer konchenartigen Erweiterung ist durch seitliche Lichterker mehr indirekt als direkt beleuchtet. Kleine, quadratische Fenster knapp über dem Fußboden schicken ihr Licht über die Solnhofer Bodenplatten. Eine Sitzbank, fast schon Designobjekt, besteht aus einer Birkenplanke auf blau gefliesten Sockelkuben. Dunkelblau gefliest ist auch die Empfangstheke. Der vertika-

One neo-classical factory building and another one clad in peculiar baroque art nouveau style were earmarked for the revenue office. Both of the old buildings and the leftovers of a third were under monument protection; an extension would increase their total floor space to four times its original size. The architects chose their own architectural language, a type of Modernism in the style of Erich Mendelsohn, Wassili Luckhardt or Martin Punitzer, carefully enriched by new motifs. They also used a new material, anthracite-coloured "ceramic brick", treating it as solid masonry and completing it with a grid of graphically striking joints. The new part of the building along Kaiserstrasse and the rounded, bulging head of the building at Leonhardsplatz are clad in this dark, calm brickwork, giving them appropriate optical weightiness. The less significant facades of the two wings in the inner courtyard have been plastered white, plain and simple. A hierarchy has been established between the blocks through this variation in materials. Elegant floating projecting roofs, round windows at key points and precisely placed flagpoles accentuate the ensemble.

The entrance hall and its conch-like extension are indirectly lit by side alcoves. Small square windows just above the floor send light across the Solnhof floor plates. A bench, almost a design object in itself, is made of a beech wood plank on a blue tiled base cube. The entrance counter is also tiled in dark blue. A vertical birch slatted frame behind the counter subtly provides a pleasant temperance in the otherwise cool-seeming hall.

10mm-thick sheet steel covers the tops of the brick balustrades

le Birkenlattenrost hinter der Theke formt ganz unmerklich einen angenehm temperierten Raum in der ansonsten kühler wirkenden Halle.

Mauerbrüstungen haben eine Deckung aus zehn Millimeter dickem Stahlblech. Treppenläufe aus Weißbeton kommen ohne Auflage aus. Dahinter steckt, neben einem gestalterischen Credo, Berechnung. Einfachste, nicht reduzierbare oder veränderbare Elemente sind auch von uninspirierten und gleichgültigen Bauleuten nicht zu verfälschen. Zur optischen kommt die haptische Qualität der Materialien. Zu beobachten ist eine feine, funktionsgerechte Abstufung vom bewusst hochwertigen, handschmeichelnden Türdrücker bis zum rauen, abweisenden Klinkermauerwerk der Außenwand. Raue Texturen in Reichweite der Hände gibt es ebenso wenig wie polierte Flächen dort, wo man nicht mit ihnen in Berührung kommt.

Betonbrücken führen von den Altbautrakten zu den neuen Bauteilen. Die Brücken überwinden Niveauunterschiede, einmal als Rampe, einmal mit flachen Stufen. Vordergründig interessantester Bauteil ist die Kantine, ein zweigeschossiger, langgestreckter Pavillon, der sich an eine erhalten gebliebene Fabrikwand schmiegt. Er lebt vom Kontrast zwischen der leichten Stahlkonstruktion und dem historischen Mauerwerk. Eine ins Gebäude eingeschobene Terrasse ermöglicht das Tafeln im Freien. Im Inneren gibt es auf der im Grundriss ellipsenförmigen Galerie ein erweitertes, räumlich interessantes Sitzplatzangebot. Hier sowie im gesamten Ensemble schweift der Blick über ungewöhnliche Details, die mit gewöhnlichen Materialien zustande gekommen sind.

while the white concrete banisters of the stairways survive without any extra layering, for reasons of pure calculation rather than mere design. It stops simple, irreducible or alterable elements from being falsified by uninspired, indifferent builders. The optical qualities of the materials used are complemented by their haptic features; they are finely graduated from consciously high-class door handles that are a joy to touch through to the raw repellent brickwork of the outside walls. Just as raw textures do not come within reach of the hand, polished surface have also been placed appropriately.

Concrete bridges connect the old building parts to the new. They compensate differences in height, once as a ramp and once with flat steps. The canteen, a two-storey stretched pavilion which nestles into a preserved factory wall, is ostensibly the most interesting part of the building. It is brought to life by the contrast between its light steel construction and the historical brickwork of the wall. A terrace that stretches into the building provides outdoor dining space. A spatially qualitative seating area on the gallery, which is ellipse-shaped in plan, has been designed on the interior. There are many unusual details to be discovered in this part of the building, which can also be said of the whole ensemble, all produced using everyday materials.

SANIERUNG UND NEUBAU HELVETIA, FRANKFURT AM MAIN
RENOVATION AND EXTENSION OF HELVETIA, FRANKFURT AM MAIN

Es ist ein Albtraum für den Bauherren, für den Architekten jedoch (meist) ein Glücksfall, wenn sich die geplante Ertüchtigung eines Gebäudes als so aufwendig herausstellt, dass Teilabbruch und Neubau sinnvoller erscheinen. So geschehen beim Frankfurter Sitz der Helvetia, einem im Grundriss U-förmigen Bürobau der fünfziger Jahre an der Berliner Straße gegenüber der Paulskirche. Nach der Bauuntersuchung und einer neuen Konzeption entschloss sich der Bauherr, einen Flügel des Baus ersetzen und das Areal durch einen neuen Nordflügel zu einem Geviert schließen zu lassen. Aus dem ehemaligen Anlieferhof wurde eine überdachte Garage. Eine neue, größere Aufgabe also für die Architekten Lederer + Ragnarsdóttir + Oei, die zuvor nur den Sanierungswettbewerb für sich entschieden hatten.

Probleme bereitete vor allem die geringe Stockwerkshöhe des Altbaus mit einem lichten Maß von lediglich 2,13 Metern. Im Neubau musste bei 3,01 Meter Bruttogeschosshöhe ein Doppelboden mit allen Installationen, Heizung und Bauteilkühlung untergebracht werden, wonach sich eine Raumhöhe von immerhin 2,65 Meter ergab. Im Altbau musste auf konventionelle Heizkörper zurückgegriffen werden, um die Raumhöhen nicht zu sehr unter Standard rutschen zu lassen.

Bei der Umorganisation des Anwesens ergab sich ein neues Entree an der früheren Rückseite am Kornmarkt. Das für die beeng-

It is a nightmare for the client and (usually) a dream come true for an architect when the planned renovation of a building becomes so complicated that it makes more sense to demolish part of it and replace it by something new. This is precisely what happened in Frankfurt at the seat of Helvetia insurance company, which was housed in a 1950s U-shaped office building in Berliner Strasse opposite St. Paul's church.

After examining the building and coming up with a new concept, the client decided to replace one of the wings with a new building and to close the square ensemble by adding a new north wing to it. A roofed-in garage took the place of the former deliveries yard. The project thus became a newer larger commission for Lederer + Ragnarsdóttir + Oei architects who had previously been chosen from the competition to renovate the building.

One of the factors that caused most difficulty was low floor height; the old parts of the building had a clearance level of only 2.13 meters. The 3.01 meter gross storey height of the extension still had to accommodate all of the fittings, heating and cooling facilities, leaving a clearance height of a good 2.65m. Conventional radiators were installed in the old part of the building to avoid further reducing its clearance heights below the norm.

A new main entrance was added to the former rear façade of the reorganised complex at Kornmarkt. The foyer, which is generous

ten Grundstücksverhältnisse großzügige Foyer wirkt optisch weiter durch eine Glaswand zum Hinterhof an der Grundstücksgrenze. Der Hof wurde zum Wasserbecken und reflektiert nun das Zenitlicht ins Haus. Die Künstlerin Rosalie hat ihn zusätzlich mit einer Lichtinstallation ausgestattet.

Die ersten Stufen der Treppe in die Obergeschosse schweben über dem Boden. Das Treppenhaus, wie oft bei Lederer + Ragnarsdóttir + Oei mit halbkreisförmigen Zwischenpodesten und abgerundeter Schmalseite, ragt in den Hof und bezieht sein Tageslicht durch signifikante Bullaugenfenster.

Die Büroräume werden von den massiven Eichenholzständern geprägt, die das konstruktive Gerüst der Fassaden bilden. Die sägezahnartig gefaltete Fensterfront des Neubauteils erlaubt den diagonalen Ausblick aus den Büros sowohl auf Norman Fosters Commerzbankhochhaus als auch durch die Öffnungsflügel in den kurzen Schenkeln nach Osten. Von außen spiegelt die mit poliertem Edelstahl verkleidete Fassade ihre Umgebung, was die enge Gasse optisch erweitert.

Bei der Arbeit an diesem komplexen Projekt musste vielfach in die technische und gestalterische Trickkiste gegriffen werden, um nicht mehr zeitgemäße Verhältnisse auf heutigen Standard zu bringen – oder wenigstens zu überspielen.

in size relative to the small site, optically extends through a wall of glass into a backyard at the site boundary. This space has been transformed into an outdoor pool that reflects light back into the building. A light installation was added to it by the artist Rosalie. The first steps of the stairs to the upper floors float just above the ground. Lederer + Ragnarsdóttir + Oei's typical unilaterally rounded staircase with semicircular landings juts out into the yard and receives its daylight from porthole windows.

The massive oak wooden structure that forms the constructive basis of the façade dominates the character of the office spaces. A sawtooth window front on the new addition provides diagonal views from the offices towards Norman Foster's Commerzbank high-rise and towards the east through the opening wings on the shorter sides. Polished stainless steel cladding on the façade reflects its surroundings, optically extending the narrow laneway around it. The architects' technical and creative box of tricks was resorted to many times during work on this complex project, to bring old-fashioned facilities up to today's standards – or at least to cover them up.

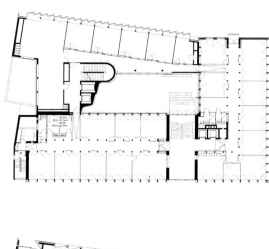
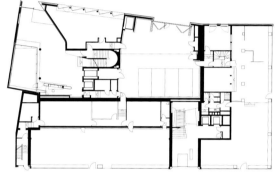

Sanierung und Neubau Helvetia, Frankfurt am Main Renovation and Extension of Helvetia, Frankfurt am Main 2004

GEMEINDEZENTRUM FRANZ-JOSEF-FISCHER-HAUS, STUTTGART
FRANZ JOSEF FISCHER CATHOLIC CONGREGATIONAL CENTRE, STUTTGART

Wie gibt man sich der neoromanischen St.-Antonius-Kirche anverwandt? Wie reagiert man auf deren räumliche Nähe? Die Architekten kleideten das der Kirche zugeordnete Katholische Gemeindezentrum in ein ähnliches Ziegelmaterial und gaben dem Neubau eine kraftvolle Statur, die man durchaus romanisch nennen möchte. Die Ziegel mit überlangem Sonderformat und lebendigem Farbspiel sind im Läuferverband mit unvermörtelten Stoßfugen und betonten Lagerfugen vermauert, sodass die horizontale, geschichtete Tektonik betont wird. Das turmartige, abgerundete Treppenhaus bildet die Blockecke, es formuliert ein Pendant zum abgerundeten Chor der St.-Antonius-Kirche und akzentuiert den Eingang des Hauses. In dem als Gegengewicht zur Kirche erhöhten Bauteil sind im obersten Geschoss eine Hausmeisterwohnung und eine Wohnung für Pflegepersonal untergebracht.

Klösterlich schützende Mauern legen sich um die Wohngeschosse. Zwölf betreute Altenwohnungen mit Wohnraum, Küche, Diele und Bad, davon zwei mit zwei Zimmern und zwei für Rollstuhlfahrer, sind auf zwei Geschossen so gegeneinander gestaffelt angeordnet, dass sich am ruhigen Blockinnenbereich geschützte Südbalkone er-

What could be an appropriate expression of relationship to the neo-Romanesque church of St. Antonius? What would be the correct reaction to its spatial proximity? The architects clad this catholic congregational centre, belonging to the church, in a similar brick material and gave the new building a powerful stature that certainly cries out Romanesque. The extra-long format bricks in a lively play of colours have been walled in stretcher course with ungrouted vertical joints and accentuated horizontal joints that highlight the building's horizontal, layered tectonics. A tower-like rounded stairwell forms the corner of the block, acting as a counterpart to the rounded choir of St. Antonius church and also accentuating the entrance to the building. An apartment for the caretaker and one for nursing staff are housed on the top floor of this elevated part of the building that counterbalances the height of the church.

Monastic protective walls envelop the residential floors. Twelve supervised apartments for the elderly equipped with a sitting room, kitchen, hall and bathroom, two of which are two-room and another two for the disabled, occupy two whole floors. They have been staggered in arrangement to yield sheltered south-facing balconies

geben. Dorthin sind die Wohn- und Schlafräume orientiert. An der Straßenseite können die Bewohner aus den Küchenfenstern (diese sind wie kleine Vitrinen ausgebildet, in die die Bewohner Pflanzen oder Dekorationen einstellen können) auf die Laubengänge blicken, mit denen die Wohnungen erschlossen sind. Die „internen Spazierwege" bilden einen halbprivaten Bereich, auf dem sich spontane Begegnungen ergeben und immer wieder Blicke in den Straßenraum möglich sind. Nach Norden ist der Kopfbau durchbrochen und gibt den orientierenden Blick von den Laubengängen aus, die hier in Balkonen enden, zur Kirche frei.

Ein Gemeindesaal, der „Eine-Welt-Laden" und die Sozialstation mit den internen Betreuungs- und Pflegeeinrichtungen im Erdgeschoss liegen hinter einer raumhohen Fensterreihe, die das Gebäude auf voller Länge zum Innenhof hin öffnet. Die Materialpalette mit den verklinkerten Wänden, Sichtbetondecken, hellgrau verputzten Wänden, weiß lackierten Fenstern und hölzernen Böden der Laubengänge bietet angenehme Farbkontraste und erzeugt eine freundliche, wohnliche und vor allem bergende Atmosphäre.

in the quiet interior of the block. The living and sitting rooms are oriented towards them. Their residents can look out of the kitchen window (these are like class cabinets into which plants or decorations can be placed) towards the street into the open halls, which provide access to the apartments. These "internal promenades" provide a semi-private area in which casual meetings can occur and from which the street area can be observed. A void in the top part of the building to the north opens up the view towards the church from the access halls, which culminate in balconies.

A congregational hall, a one world shop and a social services office with internal care and nursing facilities are located on the ground floor behind a row of floor-to-ceiling windows that open onto the interior yard along the length of the whole building. The palette of materials including brick walls, fair-faced concrete ceilings, light grey plastered walls, white window frames, and wooden floors of the open access halls provide pleasant colour contrast and generate a friendly, homely and above all protective atmosphere.

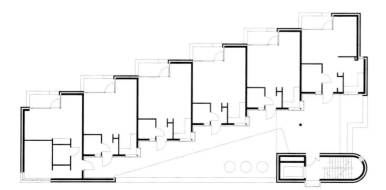

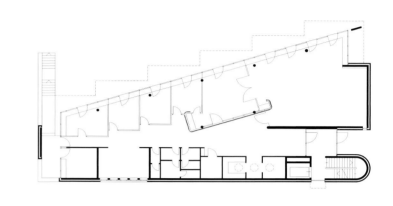

ORTSVERMITTLUNGSSTELLE, STUTTGART
LOCAL EXCHANGE, STUTTGART

Eine architektonische Fingerübung: Die technische Erneuerung der Ortsvermittlungsstelle machte die zusätzliche Ausrüstung mit einem Notstromdieselaggregat und einer Lüftungsanlage notwendig. Die Architekten entwarfen dafür ein eigenständiges Gebäude. Der geräuschemittierende Motor verschwand in einer lärmtötenden massiven Betonkiste, die Lüftungsaggregate wurden daraufgesetzt. Da sie eigentlich keine Einhausung benötigen, besteht das Obergeschoss lediglich aus einem Stahlgerüst, dessen Gefache mit Paneelen aus Holzlamellen gefüllt sind. Zum Schutz des Holzwerks kragt die flache Dachscheibe weit aus.

Zugänglich ist das Obergeschoss durch eine axial vor den Giebel geschobene Betontreppe, die als architektonisches Sonderelement inszeniert ist. Der Altbau nebenan wurde in eine Well-Aluminiumfassade gepackt und ist auf die architektonische Funktion des Hintergrundes für den schmucken Neubau reduziert.

Sorgfältige Proportionierung und Detaillierung und der kalkulierte Einsatz von Farb- und Materialkontrasten machen das schlichte Funktionsbauwerk zu einem Stück bemerkenswerter Architektur, das den zweiten Blick provoziert.

An architectural finger exercise: the technical updating of this local exchange called for the addition of a diesel emergency power aggregate and a new ventilation system. A building was designed by the architects specifically for these elements. The noise-emitting motor disappeared into a solid concrete case and the ventilation aggregate was placed on top. As they do not actually require housing, the top floor consists of a steel frame whose bays are filled by panels made of wooden slats. A cantilevering roof plate provides protection for the wood.

Access to the top floor is via a concrete staircase placed centrally in front of the gable wall; a specially staged architectural feature. The neighbouring older building has been hidden behind a corrugated aluminium facade and architecturally reduced in function to become a background for the decorative new addition.

Painstaking proportion and detailing, the calculated application of colour and material contrast make this functional building a piece of striking architecture that almost compels a second glance.

MASCHINENHAUS 1990, ANSICHT VON SÜDEN
POWER HOUSE 1990, VIEW FROM THE SOUTH

SANIERUNG DER STADTMITTE, FELLBACH
REGENERATION OF FELLBACH TOWN CENTRE

Das stattliche Bauvorhaben bedeutete für Fellbach neben dem Neu-bau des Rathauses durch Ernst Gisel eine „Jahrhundertaufgabe". Doch auch Lederer + Ragnarsdóttir + Oei hatte erstmals ein Projekt in diesem Umfang zu bewältigen, noch dazu mit zehn verschie-denen Bauherren. Es ging um einen ganzen Häuserblock mit Büros und Geschäften, einer repräsentativen Bankfiliale und der Stadtbü-cherei. Die Architekten versuchten, das neue Ensemble als städ-tebaulich verbindendes Element zu etablieren, das zwischen den kleinteiligen Bürgerhäusern, dem Baukoloss eines Sanierungsob-jekts der siebziger Jahre sowie der Lutherkirche und dem Rathaus gegenüber vermittelt. Anders als bei dem Großprojekt nebenan ist es gelungen, durch die Baukörpergliederung eine Maßstäblichkeit zu bewahren, die dem Weinbaustädtchen an der Stuttgarter Peri-pherie entspricht.

Die beiden unteren Geschosse sind ganzflächig verglast, wodurch die Häuser sich mit ihren Nutzungen den Passanten zuwenden und sich dem Stadtleben öffnen. Der Richtung Marktplatz blickende Kopfbau an der Seestraße zeigt sich wie das gesamte Ensemble der Architektursprache der klassischen weißen Moderne anver-wandt und ist mit deren Attributen, mit Band- und Rundfenstern, asymmetrischem Turm und Fahnenmast als repräsentatives archi-tektonisches Element ausgestattet. Hier setzt die örtliche Bank ein markantes Zeichen. Die anschließenden Gebäude sind dem Woh-nen gewidmet und öffnen sich an der Südseite mit Wintergärten großflächig der Sonne.

Apart from a new town hall designed in the 1970s by Ernst Gisel, this large-scale building project was "the task of the century" for the town of Fellbach. It was also the first time for Lederer + Rag-narsdóttir + Oei to be committed to an undertaking of such size in-volving ten different clients. The project comprises a whole block of buildings including offices and shops, a prestigious bank and the town library. The architects intended the new ensemble to be a connecting urban element that would mediate between small-scale domestic architecture, a colossal 1970s building in dire need of renovation, a Lutheran church and the town hall. Unlike its large neighbour, the structure of this building ensemble has been suf-ficiently scaled-down to fit well into the context of this little wine-producing town on the outskirts of Stuttgart.

Both of the lower floors are completely glazed from the front, which is conducive to the functions housed in them and opens up the buildings to passers-by and to the urban realm.

The principle part of the building, located on Seestrasse and orient-ed towards the market place, speaks the architectural language of classical white Modernism as does the rest of the ensemble. It acts as a representative architectural element and has been endowed with such attributes as ribbon and round windows, an asymmetrical tower and a flagpole. The local bank makes a striking mark here. Neighbouring residential buildings have been opened up towards the sun via large winter gardens on their south-facing sides.

A quiet pleasant backyard area has been established on a raised

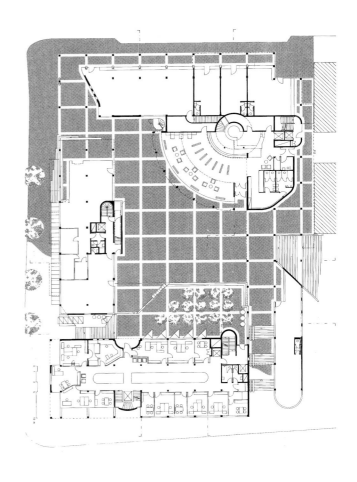

Im Blockinneren entstand auf erhöhter Ebene ein ruhiger Hof mit hoher Aufenthaltsqualität. Er wird von der Stadtbibliothek beherrscht, die sich als viertelkreisförmiger Rundbau in den Platz wölbt. Durch die signalroten Rundstützen und die blau-weiß gestreifte Fassade erhielt das Haus eine heitere Note und ist als Sonderbau mit öffentlicher Nutzung charakterisiert.

Viel Aufmerksamkeit haben die Architekten in den Innenräumen der

level in the interior of the block. It is dominated by the local library which curves into the open space as a quadrant-shaped rotunda. The signal red-coloured cylindrical columns and the blue and white striped façade give the building a buoyant flair and provide it with its public character.

Much attention was given to the interior furnishings whose colourful design lies somewhere between De Stijl, Mies and Memphis

Ausstattung gewidmet, wobei das farbenfrohe Design stilistisch irgendwo zwischen De Stijl, Mies und Memphis angesiedelt ist. Eine attraktive Treppe im Entree der Bibliothek verspricht weitere Raumerlebnisse im Obergeschoss, ein Versprechen, das durchaus gehalten wird. In der Bankfiliale nebenan haben die Architekten edle Leuchten und Schalter oder elegante Geländer eigens gestaltet, um dem Kreditinstitut zu einem angemessenen Auftritt zu verhelfen.

in style. An attractive staircase in the entrance hall of the library promises further spatial delight on the upper floor, a promise that has certainly been kept. The architects themselves designed noble lighting and counters and elegant balustrades for the neighbouring bank branch, thus providing the credit institute with an appropriate appearance.

SANIERUNG UND ERWEITERUNG SCHREIEN-ESCH-SCHULE, FRIEDRICHSHAFEN
RENOVATION AND EXTENSION OF SCHREIEN-ESCH SCHOOL, FRIEDRICHSHAFEN

Die Lehrer schlafen nicht! Selbst mit müden Augen schauen sie noch aus ihrem Zimmer auf den Schulhof und beaufsichtigen die tobenden Schüler. Diese Gewissheit jedenfalls wird den Kindern unbewusst im Nacken sitzen. Der Eindruck entsteht durch das Lehrerzimmer mit seinen runden, augengleichen Fenstern, deren Sonnenschutz wie Augenlider wirken. Die Erinnerung an Jacques Tatis Film *Mon Oncle* ist nicht unbeabsichtigt. Das aufgeständerte Lehrerzimmer ist Teil des Neubaus und die Verbindungsbrücke zum Schulbau aus den fünfziger Jahren.

Anlass für die Baumaßnahmen war die notwendige Sanierung der 1973 errichteten Hauptschule, ein für jene Zeit typischer Elementbau mit Waschbetonfassade, der in die Jahre gekommen und längst schon verlassen war. Der Altbau wurde unter Beibehaltung der Tragstruktur im Inneren neu organisiert, die Klassenräume neu geschnitten, die Erschließung optimiert und Fluchtwege eingerichtet. Durch Herausnahme von vier Deckenfeldern ergab sich ein Atrium, das die Belichtung des tiefen Grundrisses deutlich verbessert. An der Nordseite wurde der Bau zur Unterbringung der Mensa im Erdgeschoss und der Verwaltung im Obergeschoss um ein Viertel verlängert. Der Haupteingang liegt nun geschützt unter der Brücke mit dem Lehrerzimmer.

The teachers are awake! Even with tired eyes they look out from their staffroom to supervise the pupils running around the school-yard. The eye-like circular windows of the staff room with eyelid-like sun-shading will certainly establish this truth in pupils' subconscious. Any association with Jacques Tatis' Film *Mon Oncle* is no accident. The elevated staffroom is part of the extension and the connecting bridge to the 1950s school building.

Reconstruction took place as a result of much needed renovations to the secondary school, built in 1973; a prefabricated building with a washed concrete façade, typical of its time, which had aged badly and had long been abandoned. The old building structure was retained whilst the rest of the interior was reorganised; the class-rooms were given new ground plans, access was optimised and fire escape routes were established. Four ceiling elements were removed to create an atrium, which clearly improved illumination to the broad ground floor. An extension to the north added a quarter to the whole size of the building, providing accommodation for a canteen on the ground floor and administration on the upper floor. The main entrance is now located under the protection of the staff-room bridge.

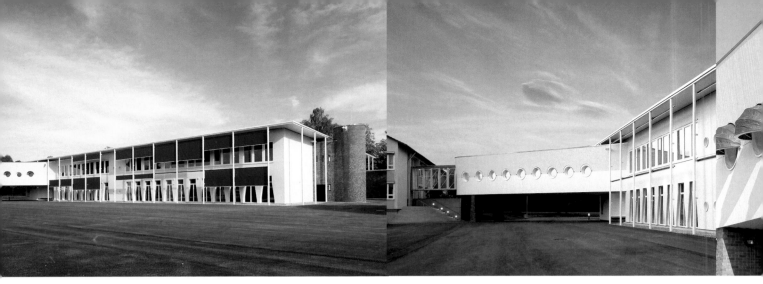

GRUNDSCHULE NACH DEM UMBAU 2007, WESTSEITE, VERBINDUNGSBRÜCKE ZUM ALTBAU, HALLE UND FLUR PRIMARY SCHOOL AFTER THE RENOVATION 2007,

Die alte Waschbetonfassade verschwand hinter der Außenhaut mit Wärmedämmung und Holzverkleidung, die heutigen Anforderungen entspricht. Die schlanken Stützen des schützenden Vordachs tragen zusätzlich die blauen Rollos für den außen liegenden Sonnenschutz. Verblüffend ist auch die ästhetische Wirkung der „Well-Eternit-Stores" als Sonnenschutz im Innenhof – Beispiel für den geschickten, unkonventionellen Einsatz preisgünstiger Materialien.

An outside skin of insulation and wooden cladding, which meet today's standards, was installed over the old washed concrete façade. Blue blinds for external sun-screening are attached to the slender pillars of the protective projecting roof. Sun protection is provided to the interior yard by "Well-Eternit-Stores" whose aesthetic appeal is a striking example of clever unconventional application of low-priced materials.

GRUNDSCHULE VOR DEM UMBAU, WESTSEITE UND INNENANSICHTEN NACH DEM ENTKERNEN PRIMARY SCHOOL BEFORE THE RENOVATION,

WEST SIDE, CONNECTING BRIDGE TO THE OLD BUILDING, HALL AND CORRIDOR

Von der Ästhetik der siebziger Jahre ist also nichts mehr erkennbar. Das Haus gleicht einem Neubau und ist durch für Lederer + Ragnarsdóttir + Oei typische Details akzentuiert, etwa durch das skulpturale Treppenhaus mit dem Aussichtserker im Innenhof, durch den gemauerten Rundturm der Fluchttreppe an der Südseite oder durch die ungewöhnliche Form der für Klassenzimmer unüblichen Fenstertüren im Erdgeschoss, die an geraffte Vorhänge erinnern.

Nothing remains of the 1970s aesthetics. The building looks new and has been further accentuated by such Lederer + Ragnarsdóttir + Oei-typical detailing as a sculptural stairwell with a lookout bay in the interior yard, a brickwork round tower fire escape on the southern side and unusually shaped French doors—not typically used in classroom design—on the ground floors which have an air of ruffled curtains about them.

WEST SIDE AND INSIDE VIEWS AFTER GUTTING

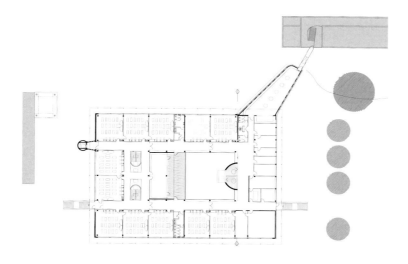

„WEISSES HAUS" AN DER KÖNIGSTRASSE, STUTTGART
"WHITE HOUSE" IN KÖNIGSTRASSE, STUTTGART

Schlechte Arbeit hatte Max Bächer 1974 eigentlich nicht geleistet. Einen plastisch durchkomponierten Baukörper hatte er an das südliche Tor zur Königstraße gesetzt, ein wenig dunkel vielleicht für heutige Verhältnisse, mit seinem auskragenden Sockel etwas massig lastend und mit offenem, durchlässigem Erdgeschoss, um die Kundenströme ins Haus zu locken. Doch der Bau war in die Jahre gekommen, hatte an Ansehen verloren und ließ sich nicht mehr vermieten. So kam es zu einem Investorenwettbewerb für den Umbau der Immobilie in 1a-Lage, den ausgerechnet Bächers enger Freund Lederer gewann.

Von einem Zerwürfnis dieserhalben ist nichts bekannt, wenngleich Lederer + Ragnarsdóttir + Oei den Vorgängerbau auf die Tragstruktur reduzierten und sodann geradezu konterkarierten: weißer Beton statt schwarzes Aluminium, straffe Vertikalität statt behäbiger Breite, gerade Kontur statt Staffelung, aufgetürmter Gebäudekopf statt Rücksprung, gekehlte statt positive Ecken. Die Erker wurden abgebrochen, im oberen Bereich Decken bis zur neuen Fassade angesetzt.

Max Bächer did not do a bad job in 1974. He designed a coherent building volume for the southern entrance to Königstrasse. It was perhaps a little dark by today's standards and a bit too heavy, its cantilevering base and open, permeable ground floor intended to attract streams of customers into the building. However, it had aged, had lost its status and was impossible to rent out. An investor competition was initiated to convert the property in A1 location. It was won by none other than Bächer's close friends Lederer.

This doesn't seem to have caused tension between them, although Lederer + Ragnarsdóttir + Oei reduced the original building to its structural core and more or less inverted it: white concrete instead of black aluminium, strict verticality instead of stolid broadness, straight lines instead of tapering, towering instead of set-off top, grooved instead of positive corners. The bays were removed from the top area and the floors were extended to the new façade.

Das Haus ist ein Merkzeichen wie sein Vorgänger, es entstammt jedoch deutlich einer anderen Zeit, wenn auch nicht zweifelsfrei der Jahrtausendwende, erinnert ein wenig auch an die rationalistische Spielart der fünfziger Jahre, deren Formempfinden den Architekten nicht fremd ist.

An der Stelle eines mittelalterlichen Stadttors und genau an der Kante des Stadtgrabens gelegen, formuliert das vor allem aus dem Stadtraum heraus entwickelte „Weiße Haus" nun genau diese städtebauliche, stadthistorische Bebauungsgrenze und markiert ganz entschieden den Stadtraum. Die neue Gestalt des Treppenhauses, die Grundstruktur des Grundrisses mit aufgeräumtem Kern und den flexiblen Büroorganisationsmöglichkeiten ergaben sich aus dem Umbau. Bauausführung und Innenausbau lagen jedoch nicht mehr in der Hand der Architekten.

Just as its predecessor did, this building makes reference to another era, albeit a completely different one; if not the turn of the twentieth century then it is definitely reminiscent of 1950s rationalism, whose sense of shape is not foreign to the architects.

On the site of a medieval city gate and exactly at the edge of the old city moat, the "White House", mainly grew out of the urban space around it. It now formulates that historical urban building boundary and decisively marks the city space.

Its conversion lent a new design to the stairwell and a new basic structure to the ground plan with tidied up core and potential for flexible office organisation. The implementation planning and interior planning of this project were not carried out by Lederer + Ragnarsdóttir + Oei.

HAUS DER KIRCHE, HEILBRONN
HOUSE OF THE CHURCH, HEILBRONN

Das Haus der Kirche führt erstmals die katholischen kirchlichen Dienste unter einem Dach zusammen. Der Neubau fügt sich mit seiner Kubatur in die Häuserreihen der Bahnhofstraße und der Olgastraße ein. An der Bahnhofstraße öffnen sich gut sichtbar der Eingang zum Gebäude und der Zugang zum Garten mit dem Haus der Stille im Hintergrund.

Die Publikumsräume Foyer, Bistro und Saal sind zum Garten hin orientiert und können je nach Wetter mit diesem zusammen genutzt werden. Der Andachtsraum erhält durch die Sonderform, die Lichtführung und die ungewöhnliche Gestaltung der halbrunden Wand seine sakrale Atmosphäre. Die Stoßfugen der Mauersteine sind mit durchgängigen Tafelglasstegen gefüllt, die Licht von innen nach außen und ebenso vom Foyer in den Andachtsraum fallen lassen.

Die Büroetagen in den vier Obergeschossen sind zweibündig organisiert, wobei der westliche Bund Einzelbüros aufweist und der östliche Bund als Kombizone organisiert werden kann. Das zurückgesetzte Dachgeschoss kann vielfältig genutzt werden und hat durch eine raumhohe Fensterreihe auf ganzer Breite Zugang zur Dachterrasse.

Der Auftritt des Hauses in der Stadt wird durch den Farbkontrast der dunklen Schieferfassade und der weinroten Markisen verstärkt. Auch das als Baukörper dominant ausgebildete Treppenhaus mit signifikanten Bullaugen ist als zeichenhaftes Element ausgebildet. Es akzentuiert den Bau ganz wesentlich und verleiht ihm Wiedererkennbarkeit.

This house of the church unites all of the services of the Catholic Church under one roof. Its shape and size fit well into the ensemble of buildings on Bahnhof Strasse and Olga Strasse. The building's entrance opens conspicuously onto Bahnhof Strasse as does a passage to its garden with a house of silence in the background.

The spaces which are open to the public—foyer, bistro and assembly hall—are oriented towards the garden and can be used in conjunction with the outside area, weather permitting. Its special shape, lighting and the unusual design of the semicircular wall lend the vestry its sacral atmosphere. Continuous sheet glass plates fill the gaps between the bricks, allowing light to fall from inside to outside and from the foyer into the vestry.

Offices on the four upper storeys are organised into two rows; the western band accommodates individual offices while the eastern band can be organised into a multi-purpose zone. The tapered top floor is versatile in use and has access to the roof terrace through wall-to-ceiling windows along its entire length.

The presence of this building in the city is underlined by the colour contrast of its dark slate façade and wine coloured awnings. Its dominant staircase structure with porthole windows has been designed to be a distinctive element, accentuating the building considerably and giving it a high recognition factor.

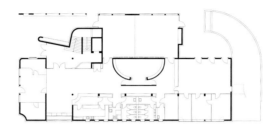

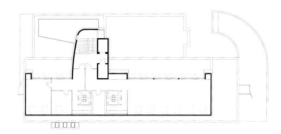

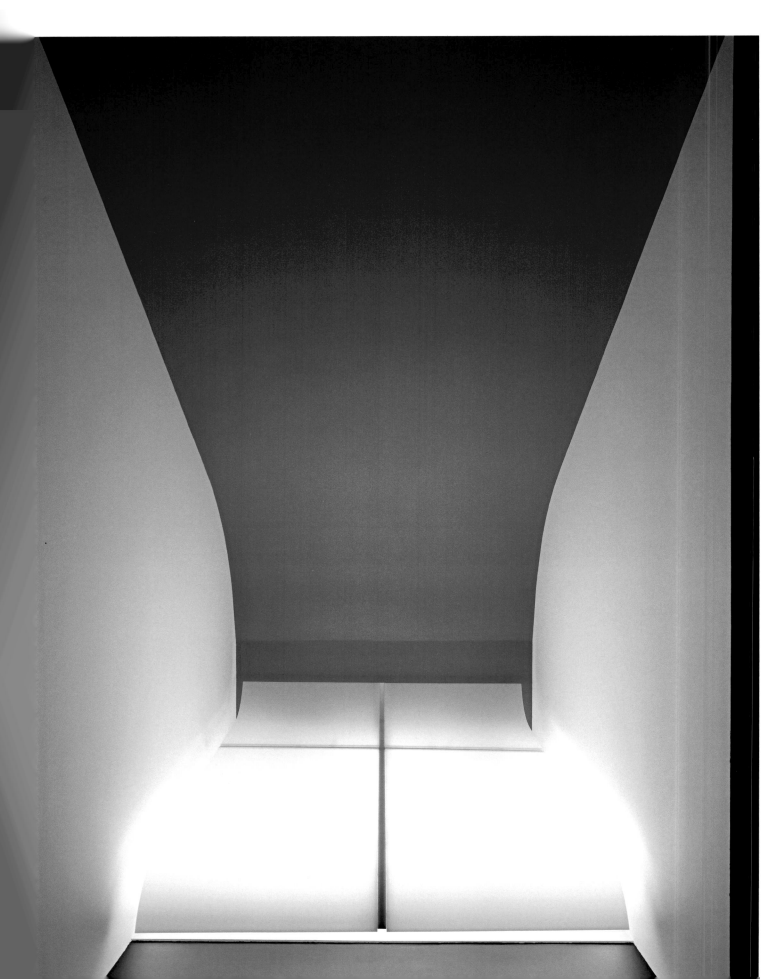

RATHAUS, EPPINGEN
TOWN HALL, EPPINGEN

Der Anfang der siebziger Jahre erfolgte Umzug der Stadtverwaltung in ein Gebäude an der Peripherie war rund 30 Jahre später als Fehler erkannt worden. Zur Rückkehr in die Innenstadt Eppingens musste jedoch das historische Rathaus, ein Bau des Weinbrennerschülers August Schwarz aus dem Jahr 1824, saniert und durch einen Erweiterungsbau ergänzt werden. Bei der Fassade des Altbaus konnte das historische Erscheinungsbild einschließlich der Farbgebung zurückgewonnen werden. Auch im Inneren kommt die Historie repräsentativ zur Geltung, wenn der Besucher aus dem Vestibül mit dem Intarsienboden durch den Sandsteinbogen zur zweiläufigen Treppe ins Obergeschoss und zum Büro des Oberbürgermeisters gelangt. Die Holztreppe ins zweite Obergeschoss zum Bürgersaal konnte nicht erhalten werden und machte einer eleganten zweiläufigen Wendeltreppe Platz, die das Grundrissprinzip des klassizistischen Baus weiterführt. Die selbsttragende Stahlkonstruktion konnte von der Wand abgerückt werden, wodurch sich die Belichtung der Treppenhalle verbesserte. Weiß gestrichen und mit einem vom Schiffsbauer kunstvoll geformten Handlauf ausgestattet, wurde die neue Treppe zum Blickfang.

In the early 1970s the town administration of Eppingen moved to a building on its outskirts, a move that came to be regretted 30 years later. In order to facilitate a move back into the town, however, the historic town hall—designed in 1824 by August Schwarz, a pupil of Weinbrenner—had to be renovated and extended. The historic appearance of the façade of the original building, including its colour scheme, was restored. History also comes to bear on the inside of the building as the visitor passes from the tarsia-floored vestibule through a sandstone arch to a double flight of stairs to the first floor, where the mayor's office is located. A wooden staircase that led up to the citizen's hall on the second floor could not be preserved and was replaced by an elegant double flight of spiral stairs which carried forward the ground plan principles of neo-classical building. Its self-supporting steel structure was shifted away from the wall to improve the illumination of the stairwell. Painted white and endowed with an artfully shaped naval handrail, the new staircase has become a real eye catcher.

RATHAUSFASSADE UND TREPPENHAUS VOR (UNTEN) UND NACH DER SANIERUNG (OBEN)
TOWN HALL FAÇADE AND STAIRCASE BEFORE (BELOW) AND AFTER THE RENOVATION (ABOVE)

Eine Brücke verbindet das historische Rathaus mit dem Neubau, der mit seiner weißen Putzfassade moderne Bauformen zeigt. Die Fassaden der Bürogeschosse sind zu Dreieckserkern aufgefaltet, was die Blickrichtungen entlang der Straße und zum Marktplatz hin lenkt und die Büroetagen räumlich aufwertet. Der Eingang des Bürgerservices mit den Konsultationsplätzen liegt im Erdgeschoss des Neubaus. Das Dachgeschoss mit einer Reihe von Dachflächenfenstern wird durch die parabolisch gerundete Decke zum Architekturerlebnis.

Das Projekt beweist den Respekt der Architekten vor den Leistungen der Baumeister früherer Generationen und den souveränen Umgang beim sensiblen Weiterbau ebenso wie das Selbstbewusstsein des modernen Architekten, wenn es gilt, dem Baudenkmal Heutiges zur Seite zu stellen.

A bridge connects the original town hall to the new building, whose white plastered facade is modern in form. The facades of the office floors have been unfolded into triangular bays, providing views along the street and towards the market square and thus enhancing the quality of the office space. A citizen's service centre with consultation desks is located on the ground floor of the extension building. Its parabolic skylit rounded roof makes the top floor a real architectural experience.

This project demonstrates the level of respect that the architects have for the achievements of earlier generations of master builders. Their competent manner in dealing with their sensitive extension building shows how confident today's architects can be in adding a contemporary element to an architectural monument.

HAUS BUBEN, KARLSRUHE
BUBEN HOUSE, KARLSRUHE

Manche Modelle musste man hochkant aus dem Büro tragen. Die schmale Treppe am Ostgiebel des Einfamilienhauses führte hinauf zum Architekturbüro Lederer + Ragnarsdóttir + Oei, als es noch in Karlsruhe-Grünwettersbach seinen Standort hatte. Keine massive Wand, keine Mauerpfeiler stützen das Blechdach, es scheint leicht genug, um auf der endlos umlaufenden Fensterreihe zu lasten. Im Inneren gibt es Licht im Überfluss, die Fläche unter dem Satteldach ist in der ganzen Länge des schmalen Hauses ungeteilt, lediglich ein Sanitärblock und der Schornstein stehen im Raum.

Das Erdgeschoss mit seiner anthrazitfarbenen Klinkerwand gibt sich zur Straße hin völlig verschlossen, nur die Haustür zeigt sich an dieser Seite. Die Südfassade hingegen öffnet sich zweigeschossig auf ganzer Breite und komplimentiert Sonne und Natur ins Haus. Wie in alten Zeiten (und noch bei Frank Lloyd Wright) ist der Herd Zentrum des Hauses. Ein großer Esstisch ist der Küchenzeile zugeordnet, eine L-förmige Sitzbank vor der Galeriebrüstung ist die einzige Möb-

Some models had to be carried out of the office on their sides. A narrow staircase on the eastern gable of a single-family home led up to Lederer + Ragnarsdóttir + Oei's architectural practice at a time when it was still based in Grünwettersbach, Karlsruhe. Its tin roof, neither supported by solid walls nor columns, appears light enough to rest upon the infinite row of windows that circulates the building. Abundant light enters the open space under the gabled roof, interrupted only by a washroom and a chimney.

The ground floor anthracite-coloured brick wall is completely closed towards the street, the entrance door being its only opening. In contrast, the south façade opens over two floors along the whole width of the house, inviting sun and nature to enter the building. As in the old days (and as was practiced by Frank Lloyd Wright) the hearth is at the centre of the house. A large dining table complements the kitchen and an L-shaped bench along the gallery balustrade is the only furnishing in the living area. A two-storey book shelf along the

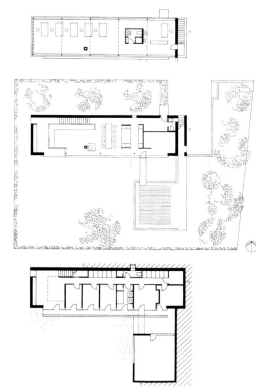

lierung des Wohnraumes. Das zweigeschossige Bücherregal an der Giebelwand ist optisch verbindendes Element zum unteren Wohnraum, die schmale Treppe entlang der Nordwand die physische Verbindung. Die Schlafzimmer, Bad und Nebenräume schließen sich im Untergeschoss an. Mit wenigen, kontrastreich eingesetzten Materialien – dunkler Ziegel und Zinkblech außen, weiße Wände, Sichtbetondecken, Buchenholz und schwarzes Linoleum innen – ist dem Haus mehr Charakter gegeben als den braven Ziegeldachhäusern mit Barocktür und Stilmöbelinterieurs der Nachbarschaft.

gable wall provides an optical connection to the bottom living area and a narrow staircase along the northern wall adds the physical link. The bedrooms, bathroom and secondary rooms connect to it on the bottom floor. Minimal contrasting materials—dark brick and sheet zinc on the outside, white walls, fair-faced concrete, beech wood and black lino on the inside—give the house more character than the other well-behaved tiled-roof houses in the neighbourhood complete with their baroque doors and period furniture interiors.

DOPPELWOHNHAUS GUNTERSTRASSE, STUTTGART
TWIN HOUSE GUNTERSTRASSE, STUTTGART

Ein „anständiges", verputztes Satteldachhaus ist es natürlich nicht geworden, das Doppelhaus der beiden Architektenfamilien Lederer/Ragnarsdóttir und Oei auf einem schmalen Grund in begehrter Stuttgarter Halbhöhenlage. Mit seiner homogenen Kupferhaut macht es keine Unterscheidung zwischen Wand und Dach. Die großflächig verglasten Schmalseiten befreien sich von den deutlich geschlossenen Giebelscheiben und stoßen über die Trauflinie hinaus.

Ein Torbau aus Sichtbeton grenzt zu den Stellplätzen an der Straße ab. Die beiden „Garagentore" erweisen sich bei genauerem Hinsehen als augenzwinkernde Referenz an die Garagenkultur der Nachbarschaft, denn es sind nur Kupferplatten ohne Türfunktion. Die Architekten wollten den wertvollen Raum dahinter anders nutzen, als Abstellraum für Gartengeräte und Fahrräder und als Partyküche, denn an der Rückseite, zum Haus hin, gibt es eine Theke für Empfänge im geschützten Innenhof.

Die Inszeneidung des Weges vom Vorplatz durch den Torbau über das Höfchen setzt sich entlang des Hauses fort, mit dem Einblick ins helle Küchenfenster und mit Blick in den kleinen talseitigen Garten. Das Entree bietet gleich den Blick in drei Ebenen des Hauses. Der lange, aber schmale Grundriss lässt sich nur nach dem Split-Level-Prinzip organisieren. Durch die versetzten Halbgeschosse und durch die zum Treppenhaus offenen Räume gelangt trotz der

As could have been expected, this twin house on a narrow site in Stuttgart's sought-after semi-sloped location belonging to the two architectural families Lederer/Ragnarsdóttir and Oei is not a "proper" gabled house. Its homogenous copper skin does not differentiate between walls and roof. Its expansively glazed narrow sides extend above the eaves thus contrasting to its clearly closed gables.

A fair-faced concrete entrance building provides a boundary to the parking spaces on the street. On closer inspection both of the "garage doors" are revealed to be a tongue-in-cheek reference to the neighbourhood garage culture and are actually copper plates that cannot be opened and closed. The architects wished to use the valuable space behind them as a storage area for garden tools and bikes and as a party kitchen; there is a counter at the back towards the house for receptions in the protected interior yard.

The path from the forecourt through the entrance building across the little front yard continues along the house with a view into the bright kitchen window and a view into the small valley-side garden. Three levels of the house can immediately be seen from its entrance. This long, narrow site could only be organised using the split level principle. Offset half levels and the spaces that open up towards the stairwell allow much light to enter the house despite the narrow site and closed longer sides. From the storage cellar to

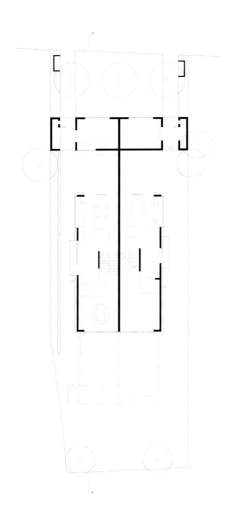

schmalen Grundrisse und der geschlossenen Längsseiten sehr viel Licht nach innen. Man wohnt auf zehn Ebenen vom Vorratskeller bis hinauf ins Dachstudio mit der Sonnenterrasse und der besten Aussicht ins Neckartal.

Für großzügige, weite Räume ist bei dem knapp vier Meter breiten Grundriss kein Platz. Die Architekten reagierten mit großer Offenheit und Durchblicken, mit breiten Flügeltüren, wo Türen notwendig sind und mit leichten, offenen Treppen. Im Charakter des Innenausbaus sind die beiden Häuser durchaus unterschiedlich. Mit grauen Schieferböden, weißen Holztreppen, weißen Rundstahlgeländern und weißen Wandschränken etwas nüchterner, dafür lichtdurchflutet das eine, mit Parkettböden und Holztreppen, gläsernen Geländern und Ahorn-Einbauschränken etwas anheimelnder das andere. Raumwunder sind sie beide.

the attic studio, with its sunny terrace and the best view over the Neckar Valley, the families live on ten different levels.

A ground plan of barely four-meters leaves no room for generous wide spaces. The architects reacted with great openness and long-ranging views, with wide folding doors where doors are needed and with light open staircases. Both houses are different in character on the inside. One is more sober yet flooded in light with grey slate floors, white wooden stairs, white rounded steel balustrades and white built-in wardrobes, while the other is homier with wooden floors and staircases, glass balustrades and maplewood built-in wardrobes. Both are spatial marvels.

DIE ARCHITEKTEN
THE ARCHITECTS

Arno Lederer

Prof. Dipl.-Ing. (arch.), geboren 1947 in Stuttgart, studierte an der TU Stuttgart und an der TU Wien und diplomierte 1976. Er arbeitete in den Architekturbüros Ernst Gisel in Zürich und Berger Hauser Oed in Tübingen und machte sich 1979 selbstständig. 1985 wurde er Professor für Konstruieren und Entwerfen an der Fachhochschule für Technik in Stuttgart, wechselte 1990 an die Universität Karlsruhe und leitet seit 2005 das Institut für Gebäudelehre und Entwerfen an der Architekturfakultät der Universität Stuttgart.

Prof. Dipl.-Ing. (arch.), born in Stuttgart in 1947; he studied architecture at the TU Stuttgart and the TU Vienna and graduated in 1976. He worked for Ernst Gisel at his architectural practice in Zurich and for Berger Hauser Oed architects in Tübingen before setting up his own practice in1979. In1985 he became professor for construction and design at Stuttgart University of Applied Sciences. He transferred to the University of Karlsruhe in 1990 and he has been head of the Institute for Building Theory and Design at the architectural faculty of the University of Stuttgart since 2005.

Marc Oei

Dipl.-Ing. (arch.), geboren 1962 in Stuttgart, studierte an der TU Stuttgart. Nach dem Diplom 1988 arbeitete er im Büro Lederer und trat 1992 als Partner ein. Er absolvierte Lehraufträge an der Universität Karlsruhe, der Fachhochschule für Technik Stuttgart und der Universität Stuttgart.

Dipl.-Ing. (arch.), born in Stuttgart in 1962; he studied architecture at the TU Stuttgart. Having graduate in 1988, he worked for the Lederer practice before becoming a partner in 1992. He has lectured at the University of Karlsruhe, Stuttgart University of Applied Sciences and the University of Stuttgart.

Jórunn Ragnarsdóttir

Dipl.-Ing. (arch.), geboren 1957 in Ackureyri/Island, studierte an der TU Stuttgart und erwarb 1982 das Diplom. Nach einer Angestelltentätigkeit im Büro Lederer trat sie 1985 als Partnerin ein. Sie übernahm Lehraufträge an der Universität Stuttgart und entwarf Bühnenbilder und Kostüme für Theater in Reykjavik.

Dipl.-Ing. (arch.), born in Ackureyri/Iceland in 1957; she studied architecture at the TU Stuttgart where she graduated in 1982. After a period of employment at the Lederer architectural practice she became a partner in 1985. She has lectured at the University of Stuttgart and has designed stage sets and costumes for theatres in Reykjavik.

SIEBEN FRAGEN
SEVEN QUESTIONS

Falk Jaeger (FJ) Von welchen Lehrern sind Sie in Ihrer Ausbildung geprägt worden?

Arno Lederer (AL) Es gab an der Uni Stuttgart einen Assistenten, der ein fantastischer Pädagoge war und Jórunn und mich beeindruckt hat, Dieter Hauser, der später Professor in Biberach wurde. Wie man baut, habe ich aber eigentlich bei Ernst Gisel in Zürich gelernt, einem wundervollen Architekten. Ich war dann noch ein Jahr in Wien, habe aber dort nur Denkmalpflege studiert, bei Walter Frodl und bei Frau Hofrätin von Tripp, sowie bei Hans Köpf „5000 Jahre Baukunst". Und nach diesem Jahr wusste ich, dass ich nicht Denkmalpfleger werde.

Jórunn Ragnarsdóttir (JR) Eigentlich war es keine Einzelperson, sondern mehrere Lehrer, die einem den Horizont geöffnet haben. Da gehörte Dieter Hauser dazu, Johannes Uhl und Hans Kammerer, Leute, die einen mit anderen Architekturen bekannt gemacht haben. Damals war die Tessiner Schule im Gespräch, Snozzi zum Beispiel, mit dem man sich intensiv auseinandergesetzt hat. Es war die Zeit des Genius loci, als man begann, sich wieder mit dem Ort zu befassen. Und Dieter Hauser war Impulsgeber, hatte die wunderbare Gabe, Querbeziehungen zu eröffnen, zur Musik, zum Theater, zur Oper, und ich habe damals erkannt, dass die Architektur nicht isoliert zu betrachten ist, sondern nur im großen Zusammenhang Sinn ergibt.

Falk Jaeger (FJ) Which of your teachers influenced you most during your studies?

Arno Lederer (AL) There was a lecturer at Stuttgart University, Dieter Hauser, who was a fantastic teacher and who greatly impressed both Jórunn and I; he later became professor in Biberach. However, I really learned how to build when I worked in Zurich for Ernst Gisel, a wonderful architect. I was in Vienna for a year after that but I only studied monument preservation. My teachers there were Walter Frodl, Frau von Tripp and Hans Köpf "5000 Jahre Baukunst". After that year I knew I wouldn't be specialising in monument preservation.

Jórunn Ragnarsdóttir (JR) There was no single person; it was a combination of teachers who opened up my horizons. They included Dieter Hauser, Johannes Uhl and Hans Kammerer, people who got us acquainted with other types of architecture. At that time the Tessin school was very popular, Snozzi for example, whose work we examined intensively. It was the genius loci era, when it was common to focus on place. And Dieter Hauser was the instigator. He had the wonderful talent of establishing cross references, to music, theatre, opera; at the time I realised that architecture cannot be considered separately and only makes sense within the larger context.

AL Man muss tatsächlich differenzieren zwischen den Leuten, die einem erst mal erklären, was Architektur ist und jenen, die praktisch Architektur machen.

JR Ja, zum Beispiel der Theoretiker Max Bense, der hat jeden Dienstag einen Vortrag gehalten. Er hat sich nicht direkt zur Architektur geäußert, doch auch er hat Türen geöffnet, die uns dann offen standen. Ich finde es auch sehr anregend, Bücher zu lesen, Romane, Biografien, zu reisen oder auch zu kochen! Dabei lerne ich mehr als beim Blättern in Architekturzeitschriften. Ich finde es uninteressant, sich Dinge direkt abzugucken.

FJ Aber wie das in Architektur umzusetzen ist …?

JR Es geht um die Bodenständigkeit. Die kulturellen Grundlagen sind seit Jahrhunderten die gleichen, in der Architektur wie in der Literatur, im Theater oder bei der Kochkunst, das ist auf die Architektur übertragbar.

FJ Also weniger eine rationale Beziehung, mehr eine Gefühlssache?

AL Es ist wohl mehr eine Frage des Bildungshorizonts. Das Wesentliche ist, dass man sich unabhängig von Tagesmoden aus dem Rucksack der Bildung heraus etwas selbst entwickeln kann.

Marc Oei (MO) Die Ausbildung fing bei mir mit fünf Jahren an, denn ich komme aus einem Architektenhaushalt und hatte, so weit ich zurückdenken kann, immer mit Bauen zu tun. Mit elf oder zwölf habe ich angefangen zu arbeiten, Pläne pausen, kopieren, Bausuche gelb und rot anlegen. Mein Vater war Scharoun-Schüler. Als ich anfing, zu studieren, entwarf ich auch alles krumm und schief, doch das wurde dann mit der Zeit gerader. Wir waren oft im Tessin und haben mit dem Buch unterm Arm die Sachen angesehen, dann in Basel, Lörrach, in Weil am Rhein. Ich glaube, dass man Architektur am besten versteht, wenn man vor dem Haus oder im Haus steht. Mir fällt es schwer, sie über Texte, Bücher oder Zeitschriften zu erfassen. Aber dann gab es da irgendwann einen Lehrer – der sitzt jetzt hier – er war der einzige, der mich an der Schule stark geprägt hat.

FJ Wie würden Sie Ihre Architektur stilistisch einordnen? Man überlässt die Interpretation doch nicht nur den Kritikern und Theoretikern.

AL Das eine ist, dass sich die Dinge aus der Aufgabe heraus selbst entwickeln, ohne vorgefasste formale Vorstellung, und das andere, dass die Arbeiten unabhängig von Gedanken wie Fortschritt oder Innovation entstehen, sondern dass es eine Selbstverständlichkeit im Bauen gibt, die schon immer da war.

JR Ich glaube schon, dass das auch an den Bauaufgaben liegt, die wir bisher zu bewältigen hatten. Wenn wir ein Hochhaus zu bauen hätten, würden wir schon innovativer arbeiten müssen.

MO Wir würden beim Hochhaus automatisch andere Mittel einsetzen als jetzt, wo wir zwei-, dreigeschossig bauen.

JR Wir ordnen uns keinem Stil zu, das war nie ein Thema im Büro. Wir werden gerne mit dem Etikett „konservativ" versehen, doch so sehe ich uns überhaupt nicht. So lange man sich mit aktuellen Dingen beschäftigt, bleibt man ja fortschrittlich. Wir machen jedenfalls keine Retroarchitektur.

AL Das kommt wohl daher, dass wir die Dinge aus sich selbst heraus entwickeln. Das spielt im Moment in der Architektur keine große Rolle, also die Frage guter Grundrisse, der Organisation von Funktionen oder der Leistungsfähigkeit des Materials. Wir glauben, dass es wichtiger ist, dass die Nutzer mit der Architektur zurechtkommen.

JR Was bei uns auch eine große Rolle spielt, ist der Schnitt, der so wichtig ist wie der Grundriss. Wir versuchen immer, dreidimensional zu arbeiten, sodass ein Raum entsteht.

AL Das Spannende ist, dass die Architekten am selben Problem immer wieder von vorn anfangen. Wie führt man die Wände, damit das Tageslicht in den Raum hereinkommt, wie hoch ist etwas, wie tief. Das sind Dinge, die von der Innovation nicht beeinflusst werden, etwa wie in der Musik. Ist Mozart fortschrittlicher als Bach? Eine ganz blöde Frage, die man nicht beantworten kann, oder auch: Ist Sloterdijk fortschrittlicher als Kant oder Platon? Wie man in der Technik von Nachhaltigkeit spricht, gibt es auch eine Nachhaltigkeit von Gedankengut.

FJ Aber es gibt doch Anforderungen, die sich ändern? Wenn heute zum Beispiel erwartet

AL It's important to differentiate between those who first explain architecture to you and those who practice architecture.

JR Yes, for example the theorist Max Bense gave a lecture every Tuesday. He didn't comment directly on architecture yet he opened doors to us that later remained open. I also find it extremely inspiring to read books, novels, biographies, travel books, even cookbooks! I learn more from them than from flicking through architecture journals. I don't find it interesting to copy things directly.

FJ But how can that be applied to architecture …?

JR The key is to keep your feet firmly on the ground. The basics of culture have remained the same for centuries in architecture or literature, in theatre or in cookery; these can be applied to architecture.

FJ So its more an emotional thing than a rational one?

AL Its more a matter of education. The most essential aspect is that one can develop one's own thing out of one's educational backpack, independent of current trends.

Marc Oei (MO) My education began when I was 5 years old. I was born into an architectural household and I've been involved in building for as long as I can remember. I started to work when I was 11 or 12, I traced and copied plans, I marked planning permission applications red and yellow. My father studied under Scharoun. When I started studying I designed everything lopsided but my designs straightened up as time went by. We often went to Tessin looking for the buildings with a guide book under our arm, then we went to Basel, Lörrach, Weil am Rhine. I believe that architecture can be best understood standing in front of or in a building. I find it difficult to comprehend through texts, books or journals. But at some point I had a teacher – who is sitting here now – he was the only one who inspired me at school.

FJ Into what category of style would you put your architecture? One surely does not leave all of the interpreting to critics and theorists.

AL One thing is that things always develop out of a commission, without a pre-composed formal conception and the other is that our works evolve independently of progress or innovation. There does exist a naturalness about building that has always been there.

JR I think it also had to do with the building commissions that we have so far worked on. If we built a high-rise building we'd have to work more innovatively.

MO If we were planning a high-rise we'd automatically use other means than we now apply to our two and three-storey buildings.

JR We do not associate ourselves with one particular style; that was never an issue in our practice. People like to label us "conservative" but I don't agree with that at all. As long as we engage in contemporary issues we remain progressive. We certainly don't produce retro architecture.

AL That's probably because we allow things to develop of their own accord. That doesn't seem to be a main priority in today's architecture; I mean good ground plans, functional organisation and material performance. We believe that the most important thing is that architecture works well for its users.

JR Sections are also greatly important in our architecture; just as important as the ground plan. We always try to work three dimensionally so that a space emerges.

AL It is fascinating that architects always begin again at the very beginning when facing the same problem. How do you position a wall so that daylight can enter the building, how high or low is something? These issues remain untouched by innovation, just like music. Is Mozart more progressive than Bach? What a ridiculous question, to which there can be no answer. Or is Sloterdijk more progressive than Kant or Platon? Just as one may speak of technological sustainability, one can also speak of intellectual sustainability.

FJ But demands do change don't they? If more daylight is expected from today's design then don't façades have to be designed differently?

AL The opposite is actually the case; many buildings have too much daylight and their occupants have to let down the blinds to be able to see their computer screens. People have always been preoccupied by the manner in which light enters space. There are many beautiful literary contributions on the subject of light; if you look at Alberti who immediately

wird, dass viel mehr natürliches Licht eingesetzt wird, dann wird man doch andere Fassaden entwerfen müssen?

AL Das Problem ist im Gegenteil, dass es in vielen Häusern schon zu viel Tageslicht gibt und die Leute die Rollos herunterlassen, damit sie ihren Bildschirm lesen können. Wie das Licht in den Raum kommt, hat die Menschen schon immer sehr beschäftigt. Es gibt schöne Auseinandersetzungen in der Literatur über Licht, wenn man etwa an Alberti denkt, der Lichtwirkung sofort mit dem Empfinden zusammenbringt. Es gibt phänomenale Bauten wie die Asamkirche in München, die mit Öffnungen auskommt, die weit unter dem liegen, was heute Vorschrift ist, und trotzdem können die Leute ihr Gesangbuch lesen.
Man ist heute eher rückschrittlich in den Kenntnissen, was der natürliche Umgang mit diesen Dingen ist, und greift immer gleich zu technischen Mitteln, um zu maximalen Lösungen zu kommen.

MO Manche Dinge ärgern uns richtig, wenn Technik eingesetzt wird, nur um der Technik Willen, etwa Lichtlenksysteme, die man bei unseren geringen Raumtiefen nicht braucht. Wir probieren solche Dinge manchmal aus und verwerfen sie wieder, wenn sie keinen Effekt bringen.

AL Bei der EVS wollten wir auf eine Klimaanlage verzichten. Behaglichkeit kann ich entweder durch Temperaturträgheit, durch schwere Bauten erzeugen oder durch teure Apparate. Das war eine harte Diskussion, denn das Vorderhaus (der Altbau) hatte schon eine Klimaanlage. Wir haben dem Vorstand gesagt, wir hätten ein ganz innovatives Konzept entwickelt, nämlich Fensterlüftung! Wir haben also ganz banale Dinge als etwas Neues verkauft, damit der Bauherr das Gefühl hat, ganz vorne in der Entwicklung mit dabei zu sein.
Die Frage der Akzeptanz ist ganz wesentlich. Wir haben in Salem einen Wohnbereich mit Abluftanlage, einen konventionellen und einen mit Holzöfen zum Nachheizen eingerichtet. Die Abluftanlagen wurden von den Schülern nachts abgestellt, die Häuser mit den Öfen sind am beliebtesten.

FJ Hat sich die Skepsis gegenüber der Technisierung erst im Umgang mit der Technik entwickelt oder hängt das mit Sympathien für konventionelle Materialien und Bauweisen zusammen?

AL Wir haben auch aus der Erfahrung gelernt. Die Fassade mit Wärmedämmputz in Fellbach hat sich nicht bewährt. Das Finanzamt in Reutlingen besteht aus einem Bauteil mit Ziegelfassade und Betondach sowie einem mit Putz und Holzdach, beide mit fast identischen Wärmedämmwerten. Aber man hat schon nach einem Jahr gewaltige Unterschiede gesehen, bei der Haltbarkeit, aber auch klimatechnisch. Unter dem Holzdach ist es im Sommer fast unerträglich warm, während es die Leute unter dem Betondach viel besser haben. Wir bauen lieber möglichst massiv und haben dadurch im Sommer in den Häusern ein hervorragendes Klima.

OM Man bringt uns immer mit Ziegelarchitektur in Verbindung, aber zurzeit haben wir zwei Bauten mit Schieferfassaden, zwei mit Keramik …

JR Wir haben natürlich eine Vorliebe für natürliche Materialien mit haptischen Qualitäten. Backstein ist ja nur ein Beispiel, aber wir schätzen auch schöne Holz- und Steinoberflächen oder Leder, alles Dinge, die man gerne anfasst, denn wir sind schon der Meinung, dass ein Gebäude nicht nur mit dem Auge, sondern ganzheitlich zu erfassen ist. Der Geruchssinn ist auch so etwas Elementares. Der Mensch erinnert sich sehr intensiv über die Nase und verbindet Orte, Räume und Menschen mit Gerüchen. Es ist das Schöne an Naturmaterialien, dass sie alle einen Eigengeruch haben. Spannend ist aber auch, dass sie einen zur Disziplin zwingen, dass sie Grenzen haben, mit denen man umgehen muss.

AL Wir versuchen immer, Robustheit und eine lange Haltbarkeit sicherzustellen. Zum Beispiel haben wir in Heilbronn eine Ziegelfassade nicht bezahlen können und haben es mit Fliesen probiert. Die Fassade steht da wie am ersten Tag, sie verschmutzt nicht und sie hat eine hohe Materialwertigkeit.

JR Das Ziel unserer Architektur ist auch immer die Aufwertung des Ortes, des Viertels.

establishes a correlation between light and feeling. Some phenomenal buildings, such as the Asam Church in Munich, get by with much less openings than the regulations specify and people are still able to read their hymnbooks.

Today there is a general regression as far as knowledge of the natural way to handle these things goes and technical means are immediately applied in order to maximise output.

MO Some things really annoy us, when technology is used for the sake of technology like light steering systems when the rooms are so small that they don't need them. Sometimes we try out such things but we get rid of them again if we discover that they are no use.

AL We didn't want to use an air-conditioning system for the EVS building. I can provide comfort through temperature regulation using massive building elements or expensive equipment. We had tough debates on that as the front (original) building had air conditioning. We told the board that we had developed a completely innovative concept: window ventilation! So we sold totally trivial things for new to give the client the feeling of contributing to state of the art developments.

Acceptance is an essential matter. In Salem we installed one conventional heating system with an air extractor and one wood-fired heating system into the living quarters. The air extractors were turned off by the pupils at night and the buildings with the wood-fired stoves were the most popular.

FJ Did your scepticism towards technology develop as your experience of working with it grew or does it have more to do with a liking for conventional materials and building methods?

AL We have learned from our experience. The heat-insulation plaster façade in Fellbach did not stand the test of time. One part of the revenue office in Reutlingen has a brick façade and a concrete roof while the other part is plastered and has a wooden roof; both have almost identical insulation values. However, after one year huge differences emerged as far as durability and ventilation are concerned. It is unbearably warm under the wooden roof in summer while those under the concrete roof are much better off. We like to build solidly and we thus produce excellent climatic conditions in the buildings in summer.

OM We are always associated with brick buildings; however, at the moment we have two buildings with slate facades and two with ceramic…

JR We do obviously prefer natural materials with haptic qualities. Brick is just one example but we also appreciate wood or stone surfaces or leather; all materials that are a pleasure to touch, as we believe that a building must be perceived holistically and not only by the eye. The sense of smell is also elementary. Smells intensely awakens memories in people, who associate places, spaces and people with them. The beautiful thing about natural materials is that they have their own smells. It is also interesting to discover that they force discipline upon one and that they have boundaries with which one must learn to cope.

AL We always try to guarantee robustness and long durability. In Heilbronn we couldn't afford a brick façade so we tried tiles. The façade still looks like it did on the first day; it doesn't get dirty and is of high material quality.

JR The objective of our architecture is always to upgrade its environment or district. We never consider our buildings isolated objects; they are always part of a place. In that sense we are very different from other practices. We do not look at urban planning and architecture separately; our buildings are always an addition. We also feel that architecture and interior design are one and the same. It was Snozzi who showed us back then how a wall can be used to define a place.

FJ How can one enforce architectural quality?

AL Only by persuasion. There are enough historical examples, for instance 300 year-old slated roofs in Hessen.

FJ Do you try to hold on to the responsibility for a building all the way through to its completion?

AL That is extremely important. Although we weren't commissioned to manage the construction of the "White House" project in Stuttgart's Königstrasse, we paid for a colleague to continue working on the project; he virtually managed the construction in order to

Wir betrachten unsere Bauten nie isoliert, sondern immer als Bestandteil des Ortes. Das unterscheidet uns deutlich von vielen anderen Büros. Wir sehen Städtebau und Architektur nicht getrennt, unsere Bauten sind immer eine Ergänzung. Auch Architektur und Innenausbau ist für uns eines. Es war Snozzi, der uns damals gezeigt hat, wie man mit einer Mauer einen Ort definieren kann.

FJ Wie kann man Architekturqualität durchsetzen?

AL Nur durch Überzeugungsarbeit. Da gibt es genügend historische Beispiele, etwa Schieferdächer in Hessen, die 300 Jahre alt sind.

FJ Versuchen Sie, die Verantwortlichkeiten bis zur Fertigstellung in der Hand zu behalten?

AL Das ist ganz wichtig. Beim „Weißen Haus" an der Stuttgarter Königstraße haben wir, obwohl wir die Bauleitung nicht im Auftrag hatten, einen Mitarbeiter auf unsere Kosten abgestellt, der faktisch die Bauleitung gemacht hat, um die Qualität der Ausführung bis zum Schluss zu sichern. Wir haben in der Ausschreibung für den Generalunternehmer auf lediglich zwei Materialien bestanden: Ortbeton und Bronzefenster. Das war strategisch richtig, denn da kann man wenig falsch machen. Aber die Sicherstellung, dass dann auch exakt gebaut wird, ist die Schwierigkeit, und da bleibt man dann bis zum Schluss dran. Die Projekte, bei denen wir nicht die Bauleitung haben, sind in der Minderzahl, und sie sind für uns wegen des erhöhten Planungs- und Bertreuungsaufwands eher teure Projekte.

JR Die Architekten definieren sich zunehmend über die Oberfläche und den Entwurf eines Bauwerks. Deshalb ist es immer schwieriger, sehr gute Mitarbeiter für die Ausschreibung, Werkplanung und Bauleitung zu bekommen. Deshalb gab es auch die Situation, dass wir die Bauleitung an ehemalige Mitarbeiter, die sich selbstständig gemacht hatten, weitergegeben haben.

AL Das hängt damit zusammen, dass die Hochschulen in dieser Art nicht mehr ausbilden. Es geht darum, möglichst schnell eine tolle Hülle zu entwerfen und dann kommt die Technik und versucht, das irgendwie zu realisieren. Bei uns wird bis zum Schluss geändert und verbessert, noch wenn der Schreiner an der Werkbank steht.

MO Das geht auch oft an die Grenze der Wirtschaftlichkeit. Und kaum ein Bauherr weiß das zu würdigen. Der sucht dann immer den Verantwortlichen für die Mehrkosten, obwohl die Änderungen in seinem Interesse geschehen.

AL Wir drohen dann immer und sagen: Gut, dann machen wir Arbeit nach Plan …
Wir hatten schon ein paar Fälle, bei denen wir gesagt haben, das Projekt kann nach unseren Plänen weitergebaut werden, aber unser Name erscheint dabei nicht mehr als Urheber. Bei der Schule in Ostfildern waren wir einmal an einem solchen Punkt; es ging um die Verfugung des Backsteins. Wir haben dem Bürgermeister gesagt, dass wir uns zurückziehen, wenn nicht nach unseren Angaben gebaut würde. Er hat dann noch mal im Büro angerufen, ob ich das ernst meine, was ihm versichert wurde. Dann hat er eingelenkt. Auch bei der EVS oder schon damals in Fellbach sind wir aufgestanden und haben gesagt: nicht mit uns, worauf man zu einer Einigung kam.

FJ Wie ist die Aufgabenteilung im Büro?

AL Der Marc kennt sich mit Bautechnik und Vorschriften so gut aus, dass er zum Beispiel einmal eine Baubesprechungsrunde mit Spezialwissen über Bohrprotokolle verblüffte.

MO Vorschriften sind heute so umfangreich, dass sie gar nicht in einen Kopf passen. Je mehr man weiß, desto mehr kann man ausloten, was möglich ist, auch was man vermeiden kann, um Kosten zu sparen. Das betrifft auch das ganze Feld der Gewährleistungen.

AL Wir haben schon Arbeitsteilung, aber wir sind gleichzeitig immer im Team rückgebunden, insofern gibt es zwar Schwerpunkte, aber es läuft so, dass jeder weiß, was der andere macht und die Entscheidungen gemeinsam getroffen werden. Jeder macht Wettbewerbe, aber die anfänglichen Vorschläge werden diskutiert.

JR Bei den Wettbewerben setzen wir nie auf die erstbeste Lösung. Wir entwickeln sehr viele Alternativen und dann setzt man sich zusammen und diskutiert.

FJ Werden die Projekte jeweils von einem Partner betreut?

AL Nein, da gibt es einen fließenden Übergang zwischen uns.

JR Und je besser die Mitarbeiter sind, desto weniger muss man sich um sie kümmern. Deshalb lieben wir gute Mitarbeiter. Aber alle Entscheidungen treffen wir.

guarantee its quality until completion. In our call for tenders to general contractors we insisted on two materials: site-mixed concrete and bronze windows. That was a strategically good decision because there was little else that could go wrong. However, it is difficult to guarantee that it will be built precisely, so one tends to stick to it until the end. We remain in control of the construction management on the majority of our projects and those which we do not control turn out to be most expensive for us due to increased planning and supervision costs.

JR It is becoming more and more common for architects to define themselves through

the surface and design of a building project. It is therefore increasingly difficult to find good staff for calls for tenders, implantation planning and construction management. For that reason we have even had the situation in which we commissioned the construction management to former staff members who had left and set up their own practices.

AL That is because the universities no longer teach those things. They are more concerned with producing an amazing shell as quickly as possible, after which technology is applied to try to get it built somehow. We change and improve things right until the very end, even as long as the carpenters are still working at their benches.

MO That often stretches financial limits. And clients rarely appreciate it. They are always looking for someone to bear the extra expenses, although the changes are certainly carried out in their interests.

AL We always threaten them by saying, "OK, then we'll finish the work according to plan…" We have even had a few cases in which we have said that the projects could continue to be built according to our plans but that we would not allow our names to be written as the authors. We came to such a point during the Ostfildern school project concerning the jointing of the brick work. We told the mayor that we would withdraw from the project if it was not built as we had planned. He rang our office to see if I had really meant it that seriously and I assured him that I had. He came around after that. During the EVS project and even in Fellbach back then we stood our ground, which finally led to an agreement.

FJ How do you distribute the tasks in your practice?

AL Marc is such an expert on building technology and regulations that once he even managed to stupefy a site meeting with specialist knowledge on drilling records.

MO Regulations have become so substantial these days that they would never fit into one brain. The more you know the more you can sound out what is possible and what can be avoided in order to save costs. That applies to the whole range of services provided.

AL We do distribute our tasks but at the same time we remain a team, so although we have our own fields of attention, we all know what the others are doing and we take decisions together. All of us do competitions but we discuss the initial proposals as a team.

JR We never rely on the first solution that comes to mind while working on competitions. We develop many alternatives and then we sit down together and discuss them.

FJ Is each project supervised by one of the partners?

AL No, there is a smooth transition between us.

JR And the better an employee is the less we have to keep an eye on them. That's why we love good employees. But all decisions are taken by us.

MO A good employee knows what to ask and what not.

AL In Germany we have the huge advantage of having small-scale industry and highly

MO Der gute Mitarbeiter weiß genau, was er fragen muss und was nicht.

AL Wir haben in Deutschland einen großen Vorteil, da wir eine mittelständische Industrie und eine Handwerkerschaft haben, die hochwertigst arbeiten, weshalb die Bauqualität überragend hoch ist. Mich wundert, dass die Politik diesen Standortvorteil nicht nach außen hin positiv darstellt.

MO Aber die Entwicklung ist negativ. Von 100 Fehlern, die wir zeichnen, wurden früher fünf gebaut, weil die Handwerker sagten, das geht aber anders. Heute sind es vielleicht schon 30. Unsere Architektur leidet unter diesem Schwund an handwerklichen Fähigkeiten.

JR Wir arbeiten sehr viel mit Modellen, mit Knetmasse, Pappe, mit allem möglichen, was ganz aus der Mode gekommen ist. Das schmeichelt nicht nur den Bauherren, sondern es ist für uns Lösungshilfe, weil das Modell greifbar ist. Man kann wunderschön den Lichteinfall oder die Höhenverhältnisse kontrollieren.

AL Wir machen an der Hochschule Stegreifentwürfe nur mit Modellen aus Pappe – die werden anschließend verbrannt. Beispielsweise nach einer Übungswoche im Kloster La Tourette. Dort haben wir am letzten Tag ein großes Feuer gemacht und man sah, wie schwer es manchen fiel, loszulassen. Das bringt einen jedoch im Kopf weiter, wenn man sich verabschieden kann.

Nicht nur beim Modellbau, auch beim Zeichnen ist das Anfassen wichtig, denn dann hat man es begriffen. Deshalb zeichnen wir Perspektiven von Hand, denn wenn man die Kontur des Volumens mit der Hand erzeugt, dann begreift man das Volumen.

JR Es muss auch nicht immer das Gehirn eingeschaltet werden, wenn die Hand etwas macht, denn oft tut die Hand etwas und schickt dem Gehirn eine Botschaft.

MO Ich glaube ja, es ist eine Generationenfrage, dass die Jungen besser mit dem Computer zurechtkommen.

AL Wir stehen dabei sowieso in einem Gegensatz zu Architekten, die die haptische Qualität gar nicht mehr interessiert. Nur am Bildschirm zu arbeiten und den Standpunkt zu vertreten, Material spiele keine Rolle, interessiert uns nicht.

skilled craftspeople which makes our building quality so outstanding. I am surprised that politicians do make more of this advantage.

MO However, developments are showing a downward trend. In former times, of 100 mistakes that we drew only five would be built because the craftspeople would realise that it was incorrect. Now 30 are built instead of 5. Our architecture is suffering under this decrease in skilled craftspeople.

JR We work a lot with models, modelling clay, cardboard, and all sorts of things, which has become unfashionable these days. This does not only please our clients, it helps us to find solutions because a model is tangible. They are perfect for testing illumination and proportions in height.

AL At the university we do impromptu designs using cardboard only – they are later burned. For example after a practical week at La Tourette monastery; on the last day we made a big fire and you could see how difficult it was for some people to let go. However, letting go frees the mind to move on.

Apart from building models, touch is also important in drawing; then you know that you have understood something. That's why we draw our perspectives by hand; when you create the outline of a volume by hand you comprehend the volume.

JR The brain doesn't always have to be switched on when you draw by hand because often the hand does something and sends the brain a message through it.

MO I think its a question of generations; young people seem to manage better with computers.

AL Anyway, we're the complete opposite to architects who are not interested in haptic quality. Only working at computers and adamantly pleading our cause, materiality remains irrelevant – that's not how we work.